Feng Huang
Gu Cun Luo

凤凰古村落

主　编　肖五洋

执行主编　刘萧

中央民族大学出版社

China Minzu University Press

第一批国家传统村落

麻冲乡：老洞
廖家桥镇：拉毫
阿拉营镇：舒家塘村

第二批国家传统村落

山江镇：老家寨　凉灯

第三批国家传统村落

山江镇：黄毛坪村　早岗村
麻冲乡：竹山村

第四批国家传统村落

茶田镇：塘坳村
吉信镇：大塘村 火炉坪
千工坪镇：关田山 黄沙坪 香炉山
禾库镇：米良村
廖家桥镇：塘头村（巴蕉冲）
山江镇：东就村
竿子坪镇：泡水村
麻冲乡：扭光村

第五批国家传统村落

禾库镇：米坨村
腊尔山镇：苏马河村
麻冲乡：扭仁村

前言

著名作家冯骥才说："传统村落中蕴藏着丰富的历史信息和文化景观，是中国农耕文明留下的最大遗产。保护中国传统村落已经迫在眉睫。"

的确，对于当下的中国，由于城市化进程的快速推进和经济建设的迅势发展，许多传统古村落正面临着严重毁坏甚至消逝的命运。有资料显示，过往的十几年间，我们少了 90 多万个自然村。传统村落数量锐减这一现实，让人不得不担忧。因为改变的不仅仅是自然环境，面对城市的喧嚣和躁动，乡愁无处寄，也造成了许多人的彷徨迷茫，仿佛既找不到来处，也不知道归途。

对于凤凰，无疑是庆幸的。

在这 1700 多平方公里的土地上，凤凰古城如同一颗硕大的宝石，静泊在沱江之畔，而散布身边的许多传统村落，洒珠嵌玉，众星捧月一般拱卫在群山之中，共同构建了凤凰的美不胜收。

《凤凰古村落》这本书，撷取了全县前后四批"国家传统村落"22 个，所描绘的，是其中的历史年轮、人文记忆、春花秋月及喜怒哀伤。书中的老洞、老家寨、凉灯、香炉山等，或风姿卓越，各彰其典雅与妩媚; 或厚重与沧桑，凸显岁月过往。

这些建筑大多始建于清代乾隆年间,兴盛于民国时期。寨外修有高高的寨墙,寨内东南西北四门建有保家楼和众多的闸子门,楼壁留着枪眼。寨内的街巷分布呈八卦阵形,是典型的道家文化影响生成的建筑。民居大门多为"吞口式"开启,外墙封闭,院内廊檐相接,楼阁参差、天井互连、通道交错。在防御上有内合外坚优势,让人联想历史上民族战争和防匪保寨的抗击情景。老家寨的石头建筑布局可上溯至明代万历年间,为加强村寨护卫,始筑苗寨边墙。全寨均由石块构垒的护寨边墙环绕。村里建筑风格是典型的苗家居室典范。据考证,现遗存至今的护寨边墙、护寨堡及建筑,60%以上均为乾隆至嘉庆年间所建,保护基本完好。寨子的建筑特色是从军事防御需要考虑,突出防御特性,按照"坎、艮、震、巽、离、坤、兑、乾"八字,构成了八卦阵防御体系,设有生、死、离、遁四门。每家每户都有护家石头围墙,户户四方联袂,又各户为阵,八方呼应,奇妙无穷,且明显受到道家文化的浸润,使古寨含有深刻的古代儒释文化色彩烙印。老家寨现存有外城墙和内城墙,外城墙采用天然青石,呈长方形或菱形,砌筑方法为竖式排列构垒,间或少量的平列砌筑,坚固牢实。据考证,外城墙为明代建筑城墙,体现了明代山野民居建筑的特色,其观赏价值和文物价值极高。内城墙为明末清初建筑,采用平砌排列的方法,整齐划一,坚固牢靠。往老家寨过去数里的凉灯,苗语寨名"夯滚夯唢",这个名字意思是人迹罕至的、只有老鹰落脚的蛮荒之地。这里有五个村民组,各有特色,因为以前交通的阻隔,搬运艰难,老房子一直保存它原来的样貌。这些房子旁边全是悬崖峭壁,祖先们为什么会选择这样地方建房子也是一个谜。这里地势不平，房子几乎呈梯字形修建下来。有人说，跟土匪文化有渊源。在旧社会，土匪来了，人们就近躲到悬崖下的山洞里。这理由很牵强。以前这里的人，特别是男人，都会些武术，主要是防止土匪来袭时保护家人。在和平年代，武术又拥有了其他文化意义，是传统村落文化血脉的延续。在香炉山古苗寨，从四周环境地形，我们似乎又找到了另一种理由：这就是一座香炉山啊！它是一座祖先的山，以千年不变的姿势，庇护着整个寨子及坚韧顽强而生生不息的子孙！

勿用多加列举，凤凰的传统文化村落，不仅见证了历史的沧桑，而且见证了民族文化的传承和发展。这些村落中，苗家的"碰高脚""跳竹竿""吹芦笙""上刀梯""踩火犁"等娱乐活动，都有着古老的渊源，是苗家传统文化的活化石，充分展示出苗族儿女的坚强性格和聪明才智。

如今，花鼓咚咚敲的不再是贫困，苗歌声声唱的不再是哀愁，醉人的苞谷美酒，地道的苗家酸鱼，亲如一家的民族团结，都为传统村落赋予了新的文化意义。

有道是民族的就是世界的。但就像天要下雨、娘要嫁人一样，我们总是不由自主地被卷入洪流的挟裹之中，渐渐远离家园，抛荒故土，没有人在乎自己终将失去记忆的家园，在乎一栋房屋、一条古道、一棵古树、一方习俗的消失，传统村落面临着在历史进程中自然消亡的结局。

对于凤凰，我们要感谢祖先的智慧和勤劳，敬畏这块土地对子孙的缱绻与厚爱，给我们留下了如此众多的古村落。

这些年，县委、县政府对于古村落保护和开发，做了许多有益的工作，特别是在乡村振兴的大格局下，很多方面都在继续努力。当下最重要的是要考虑如何在改善传统村落居民生活条件的基础上，首先做好实实在在的保护，将古村落和人文景观、自然山水统筹梳理，总体规划，合理利用，可持续兴业，同时又可以让古村落更多的传统文化传承久远。这也是我们编辑出版《凤凰古村落》的现实意义所在。

在这里，我们将自己的脚步留于每个村落的山水之间，以一种真挚和纯粹记录下可见的面貌和感念，让人们沿着时间的长河溯源，走进这些镌刻着历史印记的空间，沐浴中华民族的文化之光。这些光辉，和众多的中华民族文化元素一道，点亮中华文明的焰火，照亮历史的夜空，慰藉过去，温暖现在，希冀未来。

目录

2

古村落诗词

古村落散文

"老洞"记忆

马蹄声

老洞苗寨位于沱江上游，凤凰古城西北方向苗疆腹地的麻冲乡境内，由7个自然寨子组成，形成众星捧月之势。是一个有悠久历史积淀、独特苗文化底蕴、浓郁民族风情的古苗寨。数百年的沧桑变迁，岁月在这个苗寨里留下了一笔重彩……

——题记

在一个风和日丽的日子里，我从美丽的凤凰古城出发前往老洞苗寨采风。

我在长潭岗水库边下了车，改乘机帆船。这是一条通往老洞的十八里水路。青山排挞，绿树成荫，湖水浩淼，碧波万顷。上有白鹭翱翔，下有渔舟游弋，流云与孤鹜齐飞，碧水共长天一色。看不够的湖光山色，听还醉的空山鸟语。这正是：船行山水间，人在图画里。

　　船儿在破浪前行。我感觉特别的放松，特别的心旷神怡。然而我又扪心自问：苗乡有如此灵山秀水，为何要让它"藏在深闺人未识"呢？

　　这水路沿途时而出现一些小岛，岛上早有盛装的苗家姑娘在此等候，看见我们的船过来，"呦呵——"一声一首动听的苗歌便飞了过来：

　　　山对山哟岩对岩

　　　唱支苗歌迎远客

　　　哪位游客不服气

　　　对首歌儿丢过来

　　同船的游人中有个外地小伙子真的对上一首，惹得大家都来了兴致：

　　　苗家阿妹十七八

　　　好比路边野草花

　　　出门老婆盯得紧

　　　不然把你带回家

　　苗家姑娘听了赶忙又回敬了一首：

天上下雨地下滑

哥在外头怕个啥

有心摘花莫怕刺

阿妹随你走天涯

　　满船的人都笑了起来，唱歌的小伙子涨红了脸，甘拜下风
地坐回了原位上，船轻轻地从小岛旁擦了过去，主人和客人在

歌声中走向了零距离，成了一种心的沟通，情的渗透。这种感觉的对话，激情的表达，十八里水路到苗家，苗乡的感受竟然这么与众不同。

船儿在终点靠了岸后，即刻走进了一条幽幻莫测的峡谷。峡谷两边悬崖兀立，沟壑深深，山高林密，藤罗如织。再看峡谷里却是芳草茵茵，山花烂漫，泉流淙淙，飞瀑点翠。这是从水路通向老洞苗寨的一条咽喉地带，亦是山民们世代守望的原生态自然保护区。

穿越悠长的峡谷后，我们终于来到了目的地老洞。我们首先受到的礼遇是苗家的"拦门酒"，这是苗家人迎接客人进寨的独特方式。"拦门酒"火辣辣地热烈，真叫人有点"不醉不罢休"的味道。

进到寨里环顾四望，这是一座由苗族祖先用双手建造起来的青石板城。据史料记载：老洞苗寨始建于清代乾隆年间，兴盛于民国时期。寨外修有高高的寨墙，寨内东南西北四门建有保家楼和众多的闸子门，楼壁留着枪眼。寨内的街巷分布呈八卦阵形，民居大门多为"吞口式"开启，外墙封闭，院内廊檐相接，楼阁参差，天井互连，通道交错，在防御上有内合外坚的优势。

寨人多为麻姓，是一个祖宗在岁月长河里繁衍下来的，追根溯源竟都同宗同祖。当年全寨有20多户大户人家，金银满仓，良田万亩。这些富家从清末至民国，曾经缔造过老洞苗寨昔日的辉煌。

　　这"石板城"中最具规模的是麻氏老宅，称得上是众星捧月。宅门三道庭院深深，外墙用石块、火砖封砌，居室用木料造形。马鞍山墙便于排水和防火，雕梁刻窗美观通气。建筑群体线条粗犷则做工精细，保留一种外刚内韧的民族个性，同时也体现了当年苗汉文化交融渗透的历史阶段和建筑水平。据当地老人介绍，老洞苗寨昔日的辉煌是从麻家富开始发迹起来的。

　　从清末到中华人民共和国成立前夕，麻氏老宅共兴盛了五代人。麻家富成为当时苗疆地区的首富。他是苗族地区历史上

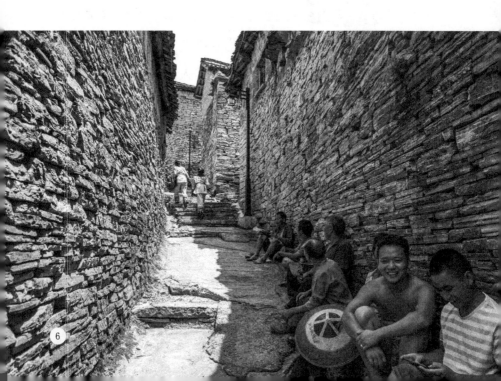

由封建领主经济向地主经济转型期的杰出代表人物。民间传说他家富得流油，后来他本人竟是在银元压断楼枕时不幸遇难的。他的儿了麻智，民国十三年曾任湖南陆军第一师参谋长兼澧州陆军检查处处长。麻佩担任过湖南陆军第四师副师长。麻家富不仅经济上强盛，政治上显赫，文化上也相当发达。一代枭雄"湘西王"陈渠珍作为麻氏的政治和军事上的靠山也经常出入老洞，官绅勾结成就了麻氏五代兴盛的基础。

然而，斗转星移，这座由时代魔方构建起来的天堂，在解放的炮火声中轰然倒塌，留下来的仅仅是一座满目沧桑的老宅遗址和一堆供后人品读的苗族经济和文化发展史的背景材料。

在百年风雨的荡涤中，麻氏老宅的主人和曾经缔造过老洞"石板城"古苗寨昔日辉煌的众多大户人家，早已在岁月流逝间尘埃落定。这是历史发展的必然，也是麻氏老宅从兴盛到衰落恶性膨胀的亦然。如今，麻氏老宅在人们眼中只不过是一道残缺的风景。这幅残缺的风景作为苗乡独特的旅游文化资源，无疑是十分宝贵和非常精彩的。

走出了历史的阴影，我又进入了浓郁民族风情的欢乐海洋。苗家的"碰高脚""跳竹竿""吹芦笙""上刀梯""踩火犁"娱乐活动，都充分展示出苗族儿女坚强性格和聪明才智。花鼓咚咚敲的不再是贫困，苗歌声声唱的不再是哀愁，醉人的苞谷美酒，地道的苗家酸鱼，亲如一家的苗汉团结，给人留下美好的回忆。

告别老洞古苗寨，几多思绪弥漫在心头。老洞，是你那秀丽的自然风光，悠久的历史文化底蕴，浓郁的民族风情，与时俱进的民族进取精神深深打动了我，让我读懂了你这本"动与静"的大书，我想在未来的日子里，该会又有多少人慕名而来踏访你这"青石板城"呢……

隐在深山石头寨——拉毫

龙迎春

    沿南方长城下来，前行不到一里路，有一个石头寨子，叫拉毫，也叫营盘寨。一条石头路蜿蜒直上，两旁建筑几乎全部是石头，包括屋顶。这个封锁在深山中的寨子因为一个落洞女的故事而让我向往。于是在回到凤凰之后，我再次返回南方长城，穿过了几片开满紫云英的田野，去寻找这个隐在深山里的石头寨。

    与南方长城一里之遥，这里却像是一个被遗忘的世外桃源。通向村口的小小石桥上蹲卧着一条竖着耳朵的黄狗，等它终于舔着尾巴离去，我们才沿石级而上。村子里非常安静，真是连

落叶掉到地上的声音都能听到。村子里几乎全部是石头房子，连猪圈也是石头搭的，屋顶是薄薄的石片。刚进村口，便看到一个长辫子大眼睛的女孩子和她的弟弟趴在一块大石头上在做作业。我们试图跟她说话，想拍一张她的照片，但她却始终低着头，不肯看我们一眼。

村子里散落地开着桃花和李子花，门

有的虚掩有的干脆就敞开着，即
使是关着门，门上也并没有锁，而只是用一
根小木棍插着。随我们同来的朋友说，这是 21 世纪依然
留存的夜不闭户、路不拾遗的村庄。这里的人家是不设防的，
我们走进一户没关门的人家，跨过石门槛，右手边的牛棚里一
头牛被惊醒，哞哞叫了两声，重又懒洋洋地躺回去。主人家并
没有人，大门却敞着，一眼能望见堂屋里悬挂着的斗笠、雨具
和堆放的柴草，一株桃花从牛棚上斜插出来，有种奇异的美。

　　寨子不大，也就十来户人家，上去的时候我们几乎碰不到
人，只有三五个孩子，穿过门洞，远远地窥视着我们。当我们
把镜头举起的时候，他们便向受惊的麻雀那样，转眼间消失得
无影无踪。偶而有一两个走过的担水的老人和妇人，见到我们
并不惊奇，只是远远地看我们一眼，然后又若无其事地继续自
己的行程。我们一直攀爬到小寨的顶上，视野骤然开阔，一坪

的李花开得如云彩一般，远处是残存的碉堡，在群山里，格外孤独。

往回走的时候，突然看见一个戴着头帕的脑袋从一堵石墙边探出来，一株吐蕾的桃花开得异常鲜艳，那是一幅极美的图画，一个桃花下的老人，不知守望的是哪一处的人家。我们刚拍了一张，老人发觉了转过头来，冲我们羞涩地笑。我们说再给她拍一张，她依然羞涩地笑，说别拍了，胶卷金贵得很，我们终于还是说服她拍了一张。她站在桃花下，努力地想绽开一个最好的笑容，却有些腼腆和不知所措。

老人友好地邀请我们坐一会儿，我们没进屋，便倚在石墙上跟她聊天。她说是一里之外的南方长城脚下的村庄，说那村庄因为南方长城的开发已经变了模样，从前的时候那里也是石头房子，但转眼之间，已经楼房成群了。她的语气里充满惆怅，我们说石头房子不是很好吗？她笑笑说，没奈何才用石头建房，有钱了谁不想住砖瓦屋，石头房顶倘若是漏了雨，很难检修，而且不通风，一座房子，顶多也就是开一个门留一扇窗，房子里永远都是暗的，少见有光亮，多少艰难，外人是不知的。

我们问她是不是家家都不锁门，她温和地笑，说："我们这里，谁也不会要谁的东西。"村子里仿佛只有妇人、老人和孩子，她说村子里的青壮年人都去打工了，要找钱，盖砖瓦房。她希望南方长城能够继续修缮，并且希望能够从他们的村子穿过，这样，他们也能像曾经和他们一样贫穷的村子一样，渐渐地富裕起来。

我们不知如何安慰这个老人，拉毫的孩子们轻声、欢叫着从我们身边跑过，穿过石头巷子，去寻找他们的欢乐。我们期待这样的静谧永远不要被破坏，但这些天真无邪欢笑着的孩子，愿意世代在石头房里居住吗？

舒家塘：
石头"垒"出的寨堡

滕明芳

　　舒家塘是一个古寨堡，地理位置优越，四面环山，树木青翠，地形呈锅状，是当时威慑南疆著名堡垒之一。直至清朝历代，该堡依旧为军事重镇，随处可见的人文景观与石头有着不可分割的联系。可以说，它的历史与文化是用石头"垒"出来的。

　　到了舒家塘新村，走在通往古寨堡的路上，一定会发现一块特殊的石头。这石头叫"下马石"（又称"帏子"），立于荷塘下方的路边，荷塘上方是一口清朝咸丰年间的古井，至今仍流水潺潺。当地人借用地势巧妙布局，精挑石块砌成三口相

接的池子，分别用于饮水、洗菜和洗衣物。

"帞子"这东西，在凤凰县境内只有舒家塘才能找到。"帞子"上刻有"恩科举人杨济川"几个大字。这种帞子，是古代官员标志，原皇帝规定三年一科，因急需人才提前开科，故为恩科。杨济川在光绪癸巳年考中举人，所以叫恩科举人，其父杨风光，是皇上身边御医。这个古寨堡从宋朝末到清朝，共出了8个元帅，6个贡生，6个举人等30多位文臣武将。据说，至此路过的文臣武将都要下马，文武百官下轿离鞍，敬仰久藏万山丛中的名人名寨，官宦之乡。

据载，北宋皇佑四年（公元1052），南方"蛮夷"龙知高率领苗民起义，杨家将后代杨六郎之子杨再思奉旨讨伐，征战

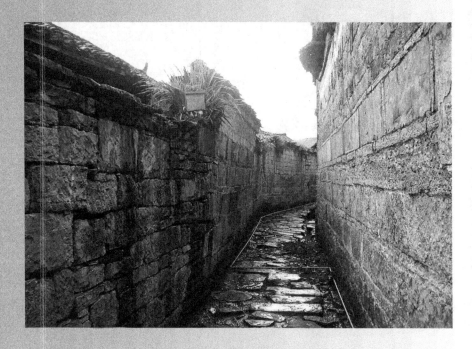

于湘黔一带。征战过程中，杨再思途经舒家塘，见此处南有山高水险为天然屏障，北面地平丘坦便于安营扎寨，便领兵上山，发现此地石料丰富，修筑屯堡，建造营盘，派重兵把守，安顿下来。

舒家塘堡寨东、西、南三面皆有山溪环绕，早年为解决旱时水源问题，村外还掘有 48 口水塘，用石块筑坝蓄水，这些水塘平时养鱼栽藕，战时成为阻敌进攻的天然屏障，易守难攻。

寨民修建城堡懂得生存智慧，设有三个大门，即东门，北门和西门。因南门属"火"故不设南门。东、西、北面有三道堡门各用坚固的青石修筑，在主堡垒的后面还筑有两座遥相呼应的支援小堡。以现存最完整的东门规模最大，门分两进，城门楼上建有雄伟壮观的楼角，供驻兵日夜守护。每处大门外各有水井，与溪流汇合，同城边的四十八口水塘紧紧地环抱东南西三面。

城堡内，其建筑规划合理，用青石铺砌的巷道错落有致，多为丁字型走向，呈间隔式循环，石巷纵横交错，如迷宫一般。

堡垒墙体曲折蜿蜒，均采用大块青石黏石灰糯米浆砌成，有些石块重达1000余斤，需要数人在长杠上，再加短杠的办法才能抬起。与"帏子"相望的总大门左侧边缘，将条石采用竖直工艺垒建，系北宋时所建，起着渗漏雨水及保固的作用，横垒的为明朝时期加固的。采用的青石非常坚硬结实，经历数百年的日晒雨淋，古城堡虽残败发黑，现存古墙依然坚固如初。

走在古堡内，一栋栋陈旧的石屋坐落有序，令人眼前一亮。建筑层次较高的房舍有二十余栋，大门镌有门匾的尚存十二户之多。这些曾经的豪宅，带纹饰的石墙、雕刻精美图案的柱础，大抵都有一扇较为气派的青石大门，石门用整块的青色条石建造，门口两侧各置一块方石，俗称"上马石"。可想而知，当时一定是一个人欢马叫、鸡犬相闻的繁荣村庄。

匾额，在这里又是一道亮丽的风景。它用料讲究，精选石材，做成长方体，刻有"常由个中""出入是门""模范修严""坦荡复履"等。这些题词，从其深刻寓意和字体上，可以看出杨家将后人的深厚文化底蕴。倘若把所见匾额拓片结集，就是一部不可多得的书法、篆刻精品，对于书法艺术爱好者具有一定的借鉴和欣赏价值，正如清代戏曲理论家李渔评匾文化所说"眼前景，手中物，千古无人计及"。徜徉街坊，漫步邻里，犹如走进书法艺术殿堂，令人神情怡然，美不胜收。

据说，明代所建的房屋多数用青石砌台基，而上面的传统土家族木屋则明清各代均有。院落中、屋角处遗落着当年杨家将后人的练功石锁，细微处仍可彰显杨氏家族崇尚武功的祖风。

走出古寨，站在王坡山顶往四周远眺，群山起伏连绵，气势宏伟，不由使人联想到南方长城中兵营、城墙、碉堡、古屯及烽火台唇齿相依，却与石块有着不可分割的联系。而舒家堂这座古老的城堡，正是我国南方长城的一个重要组成部分，它的历史及文化与"石"相存，永恒相伴！

舒家塘

杨世平　杨俊英

　　说起来，舒家堂是凤凰最主要的一个营盘，也是源于"西托云贵，东控辰沅"的地理位置，历来兵家必争。而今，战争鼓角远去，它成了少数民族古堡建筑群保护最完好的村寨之一，民风古朴，土家历史文化悠久，相传早在唐末元初就有人居住于此，并将一些不一样的风俗与生活沿袭至今。

　　每年清明节，柳丝刚抽芽，嫩绿色的叶片尚未完全长齐，很多人都有采上一枝戴在头上的习惯，女人插在发髻、发辫上，男人、小孩则插在帽子上，或将柳丝做成圈戴在头上。

　　在舒家塘茶灯、花鞭、玩傩等民间娱乐节目唱词中，均有"三月清明人戴柳"的词句，也流传着"清明不戴柳，死后变黄狗"

　　的俗语。清明戴柳习俗的起源可追溯到2600多年前的春秋时期，关于臣子介子堆从大腿割肉烤熟给流亡的太子重耳充饥救其性命，而后介子堆隐居山林，宁可被火烧死也不出来做官，最后被已登上王位的晋文公建祠插柳以侍纪念的事情，而在舒家塘表达的则是祭祖敬贤、知恩图报的优良传统。

　　追溯舒家塘杨氏的历史渊源，自然会追溯到天下"杨氏始祖"杨伯侨。杨伯侨，名文实，是晋武公姬称的次子，晋献公诡诸之弟，晋文公重耳之叔父，时任中大夫。本姓姬，周襄王姬郑5年（前647），王念其先人功勋，敕封于杨邑（今山西洪洞县东南），称杨侯。其六世孙羊舌道为避难始以祖地杨邑为氏，被后世尊为"杨氏受姓"始祖，史称杨氏正宗，是为天下"杨氏始祖杨伯侨"。舒家塘人作为正宗杨氏后裔，祖祖辈辈都传承着清明戴柳的习俗。

舒家塘杨家人过年都要打糍粑，要做一种叫"黄鹊粑"的糍粑。这种糍粑是这样的：下面做一个大如茶盘的大粑，上面再重叠一个碗口大的小粑，完成这两步后，再做一种搓成条的糍粑，圈成环，做成"∞"形的"犁口桥"粑放上去，再将一些糯米饭粘上，这样"黄鹊粑"就做成了。做这种糍粑不能马上吃，是专用来敬祖的。等过了正月十五才能动口。舒家塘人这种习俗缘于一个美丽且古老的故事。

话说西汉末年，华阴人杨宝，系杨姓的二十六世孙。他九岁时，在华阴北山玩耍，见一只美丽的黄雀，被一只老鹰抓住啄伤正要吃它的时候，杨宝来了，老鹰便吓得飞走了。那只黄雀便坠落在地下，被成群结队的蚂蚁所围困。杨宝见此情景，便把奄奄一息的黄雀捡了起来，驱掉身上的蚂蚁，把它笼在袖中带回家来。之后，他又把黄雀放在衣箱里，每天到山上采黄花来喂它。就这样把黄雀精心养了一百多天，那只黄雀伤也痊愈了，羽毛更长得丰满了，能够飞了，杨宝便从衣箱取它出来，放它飞去。那黄雀展翅飞在空中，盘旋了几圈之后，便飞得不知去向了。

一天夜里，杨宝忽然梦见一个黄衣童子，对他拜了几拜说："我是西天王母娘娘的使者，蒙君仁爱，救了我的性命，在下十分感激。"那童子说着，便从身上摸出四枚白玉环来，送给杨宝说："这四枚白玉环子做为谢君的救命大恩，令君的子孙将会四世登上三公（司徒、司马、司空）高位，他们的品德当如此环。"此即杨氏"四世三公"之兆，后来果然有所灵验。如黄衣童子所言，宝公的儿子震公、孙子秉公、曾孙赐公、玄孙彪公四代都官至太尉，而且都刚正不阿，为政清廉，他们的美德为后人所传诵。

杨宝很好学，读书非常用功。习《欧阳尚书》，很有学问。他长大了正是西汉的末年，哀、平两个皇帝，昏庸无道，都不理国事，朝政被弄得一塌糊涂，所以他不愿意做官，便隐居起来，专门教授学生。后来王莽篡权，做了新朝皇帝，他更不肯出仕了。居摄二年（7年），他与龚胜、龚舍、蒋诩三人俱被王莽征聘，要他们出来做官，他闻讯后，便逃得不知去向了。东汉中兴以后，光武皇帝刘秀很佩服他的清高气节，曾经特别嘉奖他，并且派出自己坐的车子，去请他出来做官。可是他年事已高，不能到京。不久便病逝家中，被封为"靖节先生"。

作为杨宝后人的舒家塘杨家人，为了感谢黄雀赠环，在每年过年祭祖时，做些"黄鹊粑粑"，上放糯米饭，喻让黄雀啄食，以示谢恩。做成环形"犁口桥"粑，喻比白环，以示杨氏做人要德如白环，洁白无瑕。

走进舒家塘民居，游客自然会留神当地居民的龛堂，当地叫"神龛"或"家仙"。中间牌位书"宏农堂上历代昭穆之神位"。

旁边是一副对联，左联"四知懿训自关西"，右联"七字芳名由宋北"，横批"敬天尊祖"。

在舒家塘，杨姓人家几乎家家户户都设有这样的龛堂。龛堂设立在堂屋正面中央的墙壁上，朝向大门，其高度与主人心脏的高度基本保持一致，寓意祖宗永在心上。龛堂的堂屋里总是摆放整齐，明亮干净。在设有龛堂的堂屋里或站或坐，都会感觉十分的安坦与舒适。

舒家塘人设置龛堂是很有讲究的。设置龛堂必须请当地有名望的先生，先生事先看好吉日，主人要虔心斋戒三日。到吉日时先生穿着庄重的礼服来到主人家里，也不多言，就在主人预先准备好的案几前盘腿而坐，手掐虎字诀，心里默念一遍真语，便提起毛笔，在裁好的红纸上开始工工整整地写下牌位，然后又写对联。完成这些后，还得烧上一些纸钱，点燃三炷香，恭恭敬敬地向龛堂拜上三拜，然后慢慢退出堂屋，独自回家去了。主人不能留先生吃饭，也不能送先生红包答谢，如果真想要答谢先生须在三天后才行。在设置龛堂的整个过程中，先生也好，主人家也好，都不能说一句话，更不允许小孩子吵闹。由此可见龛堂的设置对舒家塘杨姓人来说是很神圣的！

龛堂设置好以后，主人家每到逢年过节之际，都会举家祭祀。尤其是春节、中元节和直系祖宗生辰日或忌日祭祀更是必不可少。祭祀时要摆好香炉和香案，陈设猪牛羊肉、酒果等祭品。由一家之长组织，带领全家老少按长幼之序向龛堂祖先瞌三个头，以此来表达对祖宗的崇敬和追思。这已成为舒家塘杨氏的习惯和风俗，体现了杨氏子孙正本清源、追念故祖、崇尚孝念的美好情怀。

先说牌位。"弘农堂上历代昭穆之神位"正是舒家塘杨氏龛堂内容的核心。"弘农堂"是正宗杨氏的堂号，所谓"堂号"是一个家族门户的代称，一般与姓氏的地域有关，往往以其姓氏的发祥祖地，或以其声名显赫的郡望所在，作为本族堂号。据《舒家堂杨氏族谱》记载，杨氏的初祖亦是中华民族共同的始祖轩辕黄帝，杨氏得姓于西周公元前677年，周釐王封杨伯侨为杨侯，杨伯侨即为舒家塘"杨氏得姓始祖"。西汉武帝元鼎四年（公元前113年），全国分为62郡，设弘农郡（今河南省境内）。伯侨二十三世孙杨敞由华阴（今陕西华阴）迁弘农繁衍。他夫人司马英，是文学家、史学家司马迁之女。他素敢直言苦谏，官居昭帝宰相，封安平侯。由此，杨敞是弘农郡建立后，杨氏在弘农郡中出的第一个宰相，因其声名显赫，便自然成为弘农杨氏发祥人，被尊为"弘农杨氏始祖"，这也就是"弘农堂"的来历了。舒家塘杨氏将杨敞开派的弘农列祖列宗当牌位进行供奉拜祭，既是尊祖敬宗，同时又是表达一种因杨氏有此辈祖先而骄傲的情怀，并以此来教化杨氏后代子孙。

再说对联。上联"七字芳名由宋北"。也有写"七字流芳由宋北"的。"七字"指杨氏的字派"再正通光昌胜秀"。这"七字"字派是杨震的25世孙杨再思亲立的。杨再思是唐末五代时期靖州刺史，"飞山酋长"，号"十峒首领"，人称"飞山太公"。生于唐懿宗咸通元年（860年）六月六日，殁于周显德元年（954年）十月二十六日。为"靖州杨氏"开派始祖。他生活的年代正处在唐末五代群雄割据乱世之秋，十四岁随父亲杨居本镇守叙州（今湖南黔阳、会同、靖县等地），后任叙州知州。天复四年（904年），受宣帝之命，统领兵马镇守沅州（今湖南芷江），分镇滇黔，保境为国，维护国家统一。天祐四年（907年）四月，朱温废唐昭宣帝，建后梁，唐灭。杨再思立志不从叛梁，不附楚王马殷，忠实于唐，改叙州为"诚州"以示忠实于唐。他以大寨为单位建立"峒制"，将五溪地设为"十峒"，以州内吴、龙、石、向各大姓头人为峒官，依靠各少数民族，实行宗法制统治。他取的"七字"字派分开来解释就很明白。再，表周而复始，后六字在"光"和"秀"字前分别加一个"则"，就是"政（正）通则光，昌盛（胜）则秀"，意指杨氏族裔世袭管理地方之长官之职，如果政通人和就会光大杨氏族裔，杨氏族裔才会繁荣昌盛，方能像树木一样挺秀，成为一方之望族。这正是杨再思治政的理想，也巧妙地寄寓着希望自己家族永远发达兴旺的美好愿望。再思一生忠于边事，卫疆安民，德泽湘黔。逝世后宋朝统治者给予追封，两次封王，一次封公，六次封侯。北宋神宗元丰六年（1083年）宣帝顺应民意，赐建靖州"飞山庙"。再思子孙杨政岩、杨通宝分别于公元979年、980年内附北宋，被授予"诚州刺史"之职，以致杨氏所统管的诚州地区归于北宋版图。宋徽宗感再思靖边之功，百年无患，赐改诚州为"靖州"。此联"七字流芳由宋北"正是指"再正通光昌胜秀"七字派杨氏是从杨再思的子孙杨政岩、杨通宝、杨通盈等人纳土归北宋后世袭地方长官而流芳于世，成就一方著姓望族的。

下联"四知懿训自关西"，也有写作"四知绍祖自关西"的，意思是说杨氏四知的祖训是从关西留传下来的。明显的，此联是由"杨震辞金"的故事演化而来的。杨震，字伯起，为杨敞五世孙。司马迁的《史记》和范晔的《后汉书》对其事迹都有记载。他少年好学，受《欧阳尚书》于太常恒郁。他"明经博览，无不穷究"，是东汉时期著名的名臣。他长期客居河南湖城县，任教二十余年，时人称他为"关西孔子杨伯起"。他虔心在家里教书，州郡里多次请他去做官，他都拒绝了。后来有一天，有只冠雀含了三条鳝鱼，飞到他的讲坛上，他的学生把鱼拿起来讲：老师，蛇一样的鳝鱼，听说是象征着士大夫的衣服颜色的，三条鳝鱼，是表示三公的职位，老师是要高升发达了。他50岁时，受大将军邓骘所推荐，步入仕途，四迁荆州刺史和东莱太守。当杨震做东来太守的时候，昌邑令王密，就是杨震做荆州刺史举荐的孝廉。王密知道杨震为官清廉，白天送礼断不会收，便在一天深夜，拿了十斤黄金悄悄地送给他，感谢他的提拔之恩。王密劝他收下，说又没人知道。可杨震却坚拒不收，并责备王密说："你这是什么话？天知、神知、你知、我知，你怎么可以说，没有人知道呢？"王密听了，十分羞愧。杨震做官清政廉明，从来不肯私下接见任何人，就是家里人，也不允许他们过问他的公事。他后来做了太尉的高官，除了他应得的薪金之外，私毫不贪恋身外之财。他常常教育他的家人要素衣蔬食，出门各自步行，不准坐国家配给他的车子。一些好心的老朋友见他如此清廉，如此高官，家里还是那样贫穷，就劝他为子孙置办一些产业，他却说："让后世的人，称我的子孙为'清白官吏的子孙'，拿这个当作遗产，不是很丰厚吗？"自此后，杨震"清白传家"的美誉代代传诵。他拒受下属贿金和不为子孙置产业的典故，也被历代政府奉为清正廉洁官吏的楷模。

舒家塘杨家龛堂上的这副对联，其实就是杨氏先祖留下的遗训。告诫本支杨家后代子孙铭记祖训，清正廉洁，精忠报国，勉励杨氏后人要恪守"清白传家"和"忠义立世"之品行。

据说舒家堂原名"书架堂"，寓书香门第、藏书丰富之意。

老家寨，
苗岭深处的璀璨明珠

杨凤举

老家寨是苗岭深处的璀璨明珠，名实相符，是远近闻名的苗寨。

千潭水库、栖凤坡和堡垒式的石头寨子，三景有机结合成一个整体，是老家寨最丰厚的自然景观。苗歌、苗绣、苗家风情则是老家寨最厚实的文化底蕴。

寨子建在放平的"几"字形上半坡处，山势凸出，背后则是群山崇岭逶迤远去；远看是人的鼻子形貌，寨子建在鼻梁上，鼻头处就是栖凤坡，栖凤坡下是千潭水库。

寨子环周都是青岩片石砌成的寨墙，牢实坚劲，高两三米，墙上留有射击孔。寨墙内间隔修筑有保家楼，用于守寨，谨守要地。据说明清时期，寨里人家装备有猎枪，平时打猎、防备大型野兽入寨子伤人；遇上土匪袭扰，猎枪守寨子也是利器。在龙云飞抗日革屯之前，远近苗寨十几个乡的地方势力比较杂乱，跟龙云飞不对付的势力不少，新寨（腊尔山）有一伙实力强的，板建业、上下打郎各有势力都是龙云飞的敌手甚至彼此仇怨很深。老家寨、千潭等寨子是龙云飞的基本盘之一，一旦有战事各家呼啸而出，赴死力战，老家寨七十几户人家每家至少有一条枪，实力强大，远近地方武装都不敢袭扰老家寨。而龙云飞左膀右臂里，就有两位是老家寨的人，如此，那几十年里老家寨相对平安，没有土匪敢攻寨劫掠。

当年，龙云飞抗日革屯率队围乾州古城，之后又围镇竿城，名噪一时，后来这支队伍被收编，

直至改编为暂六师参加长沙会战、涟源抗日等，老家寨有不少人都参战，枪林弹雨里为国拼命，血洒疆场。

如今的古寨极具看点，最具特色的是寨子完全由青岩石片砌成，环周寨墙、院子院墙、寨子通道、老房屋等建筑一律是片石的，进村后完全身处片石之中。另外，全村的修筑布局是按照九宫格式样，纵横六条通道将全村分割，犹如迷宫，外人进村绝对会迷路。再有就是一个坚实的大门进去，院子侧门会走到另一家，继续走到第三、第四家等，直至穿通到村里主干道。当初在山江镇中学工作，每学期开学初要家访劝学，每次到老家寨都要请寨子里的人带路，才能按名册找到村里的学生。与寨里人说到迷路，他们都会心地笑，表示理解。

栖凤坡位于村寨下方，坡平缓而矮，不大。然而两百多棵古榛木密集成林，集中在小山头上，站在千潭水库的另一边山口，寨子被栖凤坡的古榛木遮挡，几乎看不到老家寨。

榛木终年翠绿，笔直高耸，木质坚硬，是很好的质材，是扁担、锄头、犁耙等材料，也常用于加工家具用料。另外就是烧炭，榛木炭坚硬耐烧，热力强，是这一带优质的木炭之一。栖凤坡虽然有几百棵古榛木，却一直被保护得很好，没有人会砍伐、破坏，这是老家寨全村的风水林，谁动了一枝一叶都会受到惩罚与唾弃！

走进栖凤坡林子，可见小山坡表层基本被石头覆盖，榛木从石头间长出，榛木根盘绕石头缝扎进土地，那种生命的坚强让人震撼。上空犹如一把巨伞，密密的深绿叶片交叠，锁住空间基本看不到天空，极少有阳光射下来。不过，人在林子，看着小山坡下的水库和对岸的山脉，翠叶华盖之下并不阴沉，有微风穿过林子，大热天到这林子里是最佳避暑地。

满坡两百多棵古榛木的树龄多少就有不同的说法，有说几千年树龄的，也有两三百年树龄之说。不过，考证之后的说法这一片榛木应该是在两三百年前成林的。

关于栖凤坡的传说不少，自然无从考证真伪。让人觉得可信的则是两种说法，一是当初这里只有一棵高耸入云的巨大梧桐，神鸟凤凰曾在这里落脚、觅食，后来神鸟飞走，梧桐也被焚烧殆尽，余烬中有树籽留下，长出如今满坡榛木。另一说法则是一位聪明伶俐、远近最美的苗家妹（黛帕），为了自己的婚姻幸福做出抗争，从栖凤坡石崖处跳下，以死抗争土司的逼婚，黛帕跳下后却没见尸身。后面的结局一说土司心有不甘，命人搜寻而不得，十年后跳崖妹子成为诰命夫人，回村报仇。

另一说法是村里有人在外省遇见跳崖妹子，已经儿女缠身。

在栖凤坡林子看古榛木，虬劲的树根在石缝如苍龙弄云，不同的人会有各自的感悟；也可带一本书，坐在石块上依着古榛木干，静静地阅读；又或站在石崖边远眺，看云卷云舒，放纵自己的心绪，所有的累与苦都会散去。

出寨子的旧路是经过栖凤坡侧面而下，到石崖下垄田，过山坳。如今，老路已经被千潭水库淹没，栖凤坡侧面水边修建了游湖码头。码头上停有竹筏子、小艇、水上摩托，初夏之后到这里来做水上游乐项目是最惬意的。环周是山，水面没什么风浪，清波如镜，山、石、树倒映如诗如画，宁静而幽，洗涤心神。偶有苗歌飘来，外人纵听不懂词意，但苗歌曲调却好，享受这音律就足够了。

千潭水库修筑于20世纪70年代初，当时国内兴起水利热，凤凰县境内各公社都有修筑水库、水渠。山江公社当时主要修建早岗村的万米渠道、黄茅坪村的二库及水渠，最大的工程则是千潭水库及其引水渠道。千潭水库的主要水源起于水尾的火马坨村，另外，在码头下方有一股流量较大的地下泉水。起于火马坨村的溪流，随山势而流，到水库大坝大约有十里距离，两山相夹都是农田。原本的溪水是从山体溶洞流过，水流从下千潭村外洞口流出。如今的大坝下方原有小水堰，给设立在溶洞内的水碾提供动力，周边十几个寨子碾米都在这里完成。

修筑千潭水库时，将大坝下那股泉水用管道引出，为黄茅坪村、公社各单位的饮用水源，不过，水质确实不怎么样，当年用的又是大号铁管，入秋后水里有不少锈迹。我在中学16年，年年为饮水与同事一起吐槽吐到晕（如今已改善）。将溶洞口封堵，留下出水口，水库的库水随沟渠灌溉下千潭、雄龙、毛都塘、大门山、黄茅坪等村寨，直到 90 年代末，沟渠少了维护才废掉。

70 年代初封堵溶洞到如今，水库从没有见底，十多年前，传闻有人见到门板大的鱼，也有人炸鱼炸死几十斤一条的大鲤鱼，钓鱼钓起十多斤重的雄鱼、草鱼、鲤鱼不算新鲜事。近年，有更神秘的传闻，说是千潭水库有水生怪物，绘声绘色，言之凿凿。我没找到目击者究问虚实，对这些传闻没怎么认同。当然，几十年没干过的水库，之前虽没人管理，炸鱼、下网、投药都有，但幸存的鱼肯定会有，几十斤甚至上百斤一条的大鱼是可能存在的。这些大鱼多潜藏在深水处，偶尔冒出水面肯定有不小动静，让人看到传出神秘怪谈，不足为奇。

不过，对千潭水库神秘的传言不止于水生物，在水库中段离老家寨不远处有一小小的洞穴口。这洞穴有不少传言，古怪得很，不少人在那里上过当。周边寨子的大人会警告自家小孩，不得到洞穴附近玩耍或路过。这个洞穴有没有鬼怪神力自然也无法查证，不过，当初我一位同事还真在那里中招，不知是不是巧合。

事情的原委是这样的：那年冬天初雪，恰逢周末，同事邀约五六人出门赏雪。走到千潭水库，他们路经那洞穴口，见洞穴隐隐有热气涌现，便驻足观看一阵，议论一番。那同事内急，等其他人走了便在那处小解，解决问题。随后他追赶其他人，一起回校的路上便不对劲，虚弱无力，脚步趔趄，但不敢跟其他人说。好在有一个同事见他不对劲，不像平时那般爱说、脸色发白，回校便跟着他回房间。进房间后，同事勉强躺到床上才跟另一同事说自己上当了。明白原委，另一同事便取了钱纸、香，到门外燃烧，对着千潭水库方位高声喊同事名字三声。纸钱燃尽，同事就坐起来了，说是当时身体有了气力、恢复了精神。

这是一个真实发生的事，解释因由也不算难。不过，当成神秘事件来看待似乎也可，因为在凤凰这边是有一些禁忌的：比如去阴森之地、洞子、壁崖等处，不能说不文明的话、不能大小解、不能大喊大叫、不能吹口哨等；在野外行走遇到泉流，无论多口渴必须要停一会才能喝，喝水必先打一草标表示买水，第一口水还必须吐出来。实际上，这些禁忌都是有粗浅科学依据的，没那么神秘。

古寨、古榛木林和碧翠的水有机融合在一起，便是游赏山水最好的去处。除了自然风光，老家寨的苗家文化底蕴丰厚：苗歌、独特的建筑、器具、服饰、传统特技、特色菜式等与其他苗寨大差不差，老家寨却还有一绝——苗绣。

手绣的成就除了传承，更重要的则是个人对美的感悟，老家寨的苗绣涵盖了手帕、布鞋、小孩头帽、女子头帕、女子外衣裤、围裙、褡裢、背裙等。绣品多取材于自然风物，鸟兽、山水、花草、人物等，造型则根据绣者的喜爱或逼真或夸张或神似，但凡到老家寨来的游人，见到这里的绣品，无比夸赞，惊叹于这些艺术的瑰宝！

苗岭明珠——老家寨

欧介中

老家寨村位于中国历史文化名城——凤凰古城西北方向，属凤凰县山江镇辖区。系中国·山江苗族历史文化保护区核心区。距山江镇政府2.5公里，通达条件较好。1996年，修通了连接山江的村级公路，2011年村级公路全部硬化；2000年，全村农网改造到户；通信发达，共有移动、联通基站各1个，手机入户率达100%。老家寨由上千潭、米板、老家寨三个自然寨组成，全寨有160多户人家，800多人（本文中的老家寨主要指的是上千潭寨）。

村寨前临碧绿清澈的千潭湖，后倚中国凤凰国家地质公园核心区——雄奇的苗岭天星山雀儿寨大峡谷，四周群山环绕，树木苍翠，景色宜人。由于地处苗疆腹地的山坳里，开发较晚，这里的风俗、服饰、语言、宗教信仰等较好地保留着远古遗风，集中了湘西凤凰苗族的主要文化特点，是苗族历史、文化、人文、自然生态的大观园、活化石，故有"苗岭明珠"之美誉。她正如凤凰古城一样，征服了渴望返朴归真的人们。

每当有远方来的客人光临村寨的时候，热情好客的苗族姑娘便会身着盛装齐集山寨门口，唱着嘹亮的苗族山歌；热情粗犷的小伙子们则打起雄壮高亢的迎门鼓。鼓声与歌声萦绕山寨，数里不绝。进老家寨的门必须经过拦门三道卡：一曰打鼓，二要喝酒，三要对歌。美丽的苗族姑娘们牵着红绸拦于道上，令游客费尽周折才过关。客人饮拦门酒对过山歌，一脚踏进苗寨，真有一步迈进远古的感觉。一座座用石块垒筑的棕墙黑瓦民居，房檐下挂着蓑衣斗笠；院子里码着背篓和箩筐；屋里摆放着精雕细刻的家具和作坊工具……俨然走进一座苗文化博物馆。

老家寨最大特点就是用石头垒成的村寨。村寨的石头建筑布局上溯至明代万历年间湘黔川边境苗民起义，为加强村寨护卫，始筑苗寨边墙。全寨均由石块构垒的护寨边墙环绕，村里建筑风格是典型的苗家居室典范。据考证，现遗存至今的护寨边墙、护寨堡及建筑，60%以上均为乾隆至嘉庆年间所建，保护基本完好。寨子的建筑特色是从军事防御需要考虑，突出防御特性，按照"坎、艮、震、巽、离、坤、兑、乾"八字，构成了八卦阵防循体系，设有生、死、离、循四门。每家每户都有护家石头围墙，且户户四方联诀，既各户为阵，又八方呼应，奇妙无穷，使古寨充满着深厚的古代儒释文化色彩。

老家寨现存有两道外城墙和内城墙。外城墙采用天然青石，呈长方形或菱形。砌筑方法为竖式排列构垒，间或少量的平列砌筑，坚固牢实。据考证，外城墙为明代建筑城墙，体现了明代山野民居建筑的特色，其观赏价值和文物价值极高。内城墙为明末清初建筑，采用平砌排列的方法，整齐划一，坚固牢靠。

在这个有着数百年历史的苗族古寨，传统的民居不仅见证了历史的沧桑，而且见证了苗族文化的传承和发展。

老家寨属山地丘陵地带，自然风光旖旎。以岩溶地貌和侵蚀地貌为主，间杂多种地貌类型，北高南低。全年四季分明，气候温和，雨水充沛，日照充足，寨内地下水资源丰富。寨边的"栖凤坡"，面积约2000平方米，里面有由数百年的单一榛树树种近百株形成的古树林，常年绿色葱葱。树林里，有光滑的天然青石板和奇形怪状的石头群。坡后是村寨，坡前临千潭湖。"栖凤坡"因传说凤凰飞至此地，见其山清水秀，便在此坡筑巢栖脚，当地传说"栖凤坡"的大树就是凤凰的羽毛变的。这些参天的古树伴随着老家寨的一代又一代人成长，每天细心呵护着这里的人民，使得整个苗寨年年风调雨顺，人们每天日出而作，日落而息，在这一片青山绿树间播撒希望，收获果实。因此，数百年来，这些树木一直被当地村民视为"神树"加以保护至今，"栖凤坡"也因此而得名。

"栖凤坡"内，环境优美，空气清新，附近寨子苗家姑娘和小伙都喜欢来此对歌和赶边边场，所以"栖凤坡"又是苗家姑娘和小伙的幸福乐园。"栖凤坡"的自然环境可以说在凤凰县、湘西州乃至湖南省都极为罕见。与其他苗寨相比，老家寨苗寨更显现出它的古朴与神秘。"栖凤坡"下的千潭湖，约80公顷水面。这是上苍赐予老家寨的又一幅圣景，落霞绯红，白鹭深情款款，湖水轻柔明净，此景只能天上有，人间安得几回醉？

在这个古老的村寨，居住着龙、吴、张三姓为主的苗族人，勤劳的苗族同胞在生产生活之余，创造了悠久璀璨的苗族文化。老家寨有浓郁独特的文化资源。花鼓古朴热烈，特色鲜明。在老家寨，无论男女都会打鼓，打鼓动作潇洒飘逸，气势夺人。同时，荡气回肠、悠扬婉转的山江苗歌大调，又从这里发源。据说，以前这里有一对歌手，为了赢取对方，相约互对苗歌，但过了"九九八十一天"仍分不出胜负。如今，全寨60岁以上老人，基本上人人都会唱苗歌和编山歌。有歌为证："跳花沟里花万朵，苗家儿女笑呵呵，花鼓震沸雀儿谷，苗歌飞过栖凤坡"。

同时，富有情趣的"拦门三道卡"，多姿多彩的苗家盛会节日"四月八""六月六",充满原生文明的丧葬婚嫁习俗和流溢着神秘色彩的宗教与傩巫文化,让人回味无穷;古朴浓厚的手工作坊艺术(如纺纱织布、挑织绣花、银饰加工、民间酿酒),独具匠心的"姑娘房"(苗家姑娘绣花房,也是夜间会情郎的地方),绚丽灿烂的苗族服饰,引人遐思飞动。这不仅为民族特色村寨增添了魅力,构成了老家寨特有的民族原生态圈,而且也诠释着一种和谐自然之美。

老家寨因此生机盎然,熠熠生辉。

这里群山连绵,这里古朴自然,这里原始神奇……特殊的生态环境、人文历史和气候条件,构成了老家寨独具魅力的旅游特色。

2003年以来,每年来老家寨旅游的国外游客平均每年达6-8万人次。通过10多年的乡村旅游开发,全村村民已享受到旅游资源开发带来的可观回报,且产生了强烈的保护古寨的自觉意识。2013年,凤凰县委、县政府高度重视老家寨的旅游开发,按照"坚持保护传统基础上坚持创新发展"原则,多次邀请省州相关领导和专家学者考察论证,制定了《老家寨村新农村建设规划》和《老家寨古苗寨保护规划编制规划》,明确提出在3年内投资3000万元,把老家寨作为苗族文化旅游景区的精品来打造,规划出以自然景观、人文景观、民俗风情相融合,以苗族传统文化取胜,立足景区之林,形成凤凰新的苗文化景区。

2013年6月,为加快乡村游景区提质扩容改造,县里按照"古典化、特色化、民族化"的原则,筹资3000万元,将老家寨作为山江乡村游集散中心的一张名片来重点打造。工程分两期建设。建设内容包括高标准建设 2400 平方米迎宾停车场、3100 平方米的游客集散中心、207 平方米的迎宾码头和入寨码头 2 座、长 400 米和宽 3 米的沿水库游步道。同时，对村内原有道路及排水沟进行维修维护，新修 1200 米村外青石板道路、198 平方米的山寨大门 1 座，以及新修 54 平方米水榭、4 个标准公共厕所、文化体验区民居新村建设等。目前，通过一年多的努力，村内原有道路、排水沟、山寨大门、沿水库长廊水榭、游步观光道、码头以及迎宾停车场、绿化美化等一期工程建设已全部竣工并投入使用。

同时，乡（镇）、村干部还组织村民开展"四清"（清洁家园、清洁田园、清洁水源、清洁能源）为载体的环境卫生大整治活动，将村级卫生长效管理机制写进了村规民约条款，明确卫生保洁责任人、责任路段，垃圾及时清运处理，让村民自我监督、自我约束，形成良好的卫生习惯。2013 年，老家寨村被纳入"湘西州城乡同建同治示范村"和"第二批中国传统村落名录村落名单"。

老家寨美就美在她的独特、清新、自然，她温柔多姿，又欢快跳跃，她不卑不亢，也不华丽铺张，传承着乡间甜美的野性，保存着历史厚重的足音，她就是一颗镶嵌在湘西凤凰苗岭上的美丽明珠。

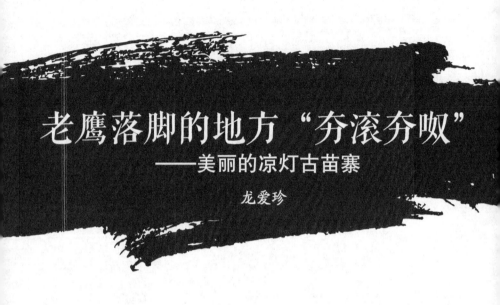

老鹰落脚的地方"夯滚夯呶"
——美丽的凉灯古苗寨

龙爱珍

"夯滚夯呶"的名字早有耳闻，如今人们称其为凉灯。

"夯滚夯呶"为苗语，意思为人迹罕至的、老鹰落脚的地方。因为她的幽静、神秘，我一直想睹一睹其芳容，今天如愿了，确实很美。

凉灯古苗寨位于凤凰县山江镇北部，距镇政府所在地15公里，全村共有五个自然寨，也就是五个小组，至今有三百多年的历史。这里地处偏远，地形复杂，是典型的武陵山区苗族村寨。

早上八点半，浓雾弥漫，凤凰作协会员18人在刘萧和白奎等领导的带领下从老县政府大门出发。共两辆车，姚军开自己的车子，搭四个人，另一辆是中巴车。等车子走过山江镇，快下到"夯滚夯呶峡谷"时，一辆无司机的货车停在路上，中巴车过不去，我们只好坐姚军的小车下去。到了峡谷，我们沿马路慢慢走上去。

这里的路很好，2003 年开始修毛坯车路，水泥路是近两年才铺的。

车路两边是高山峻岭，一条小河在脚下静静地流淌着。突然听到"咩咩"的小羊叫声。我们寻着声音看，发现河对岸有两只白色的小羊羔。听，还有清脆的鸟儿叫声。我们已经走进了大自然，空气是那样的清新，早开的花儿也是那样的清香。

我们继续沿马路向上走，雾还是那样浓，朋友们兴奋地吆喝着。走着，聊着，拍着，不知拐了几道弯，跨过了几个山头，终于来到凉灯古苗寨。

我们首先到达的是凉灯村五组。古老的村子，立刻把我们拉回上

个世纪。黑色的瓦片，黄色的土墙，基脚全是石头垒的。随着社会的发展，很多村子已经高楼林立，可是这里由于偏僻落后，发展迟缓，房子都还没变。正因为如此，凉灯村已被列为国家级古村落之一。这里宁静、安详，在浓雾的笼罩下，如仙境一般。

我们在村干部家吃了一顿美美的苗家中餐。你猜，我们吃到什么好菜？苗家腊肉、苗家土鸡、豆豉、红薯粉、小虾等，样样好吃。

凉灯村五个组之间相差很远，难怪有人用"鸡犬可相闻，往来要半天"来形容凉灯村组与组之间的距离。离开五组，我们坐车去四组。如果说五组是大门的话，那四组才是富丽堂皇的大厅。首先吸引我们的是路边那两棵古老的紫薇树，分别有800年及1030年的历史，旁边还有一棵不知名的古树，两棵树相依相伴，共同守护凉灯村四组这个大家庭，像树下土地庙里的土地公公，守护一方平安。

四组的古老房子保存得很好，从马路沿村道走下来，一路看过够，拍个够，真是美得不忍心眨眼。不过好奇的是，四组房子的旁边却是悬崖峭壁，祖先们为什么会在这里建房子？这里地势不平，房子呈梯字形修建下来。据说，房子选择在这里，跟土匪猖獗有渊源。在旧社会，土匪来了，人们就近躲到悬崖下的山洞里。还听说，以前这里的人，特别是男人，都会些武术，主要是防止土匪来袭时保护家人。在和平年代，武术成为友好文化交流的一种方式。2014 年，该村的龙正云参加了中国凯里武演大会。

离开四组的时候，雾依然很浓，看不清山有多高，谷有多深。感觉车子一直往上爬，在不经意间又拐了个急弯。然后在山上行驶了一会，像是要下山了。此时，浓雾逐渐散去，深谷在眼底逐渐清晰。再加上光光的车路，没有护栏，车子像悬空似的行驶着，我的心也跟着悬起来，生怕车子不听使唤。可是很多人却尖叫着"好险啦""刺激""过瘾"！

一路欢呼下来，不知不觉来到了三组，但是我们没有在三组驻足，这里的建筑物和其他组差不多，而且是凉灯村最小的一个组。不过这里多了一个特殊景点——田心恕父亲墓。

据说，清朝同治年间，贵州提督凤凰人田心恕，1836 年出生在凤凰县麻冲乡一个贫苦农民家庭，早年父亲去逝，母亲替人洗衣为生，他就给财主放牛，生活极为贫困。因孤儿寡母遭人歧视，后母子又迁到凤凰城北擂草坡兵饷庙居住，靠卖粑粑和马草谋生。田兴恕身材瘦小，生性好动聪明，每天进城卖马草总爱与一群顽童玩。有一次他把马草放在朱家门口，与别人滚钱消遣。朱家小姐见门口有一担马草，很不高兴，便骂田兴恕。田心恕说："你冒要凶火，等我当了官娶你做老婆！"谁料一句笑话竟成现实。后来田心恕当了总兵，真的请媒娶了朱家小姐。田心恕为什么去当兵？原因很多，一是生活所迫，另外还有一个重要原因，那就是在他十几岁的时候，一天，他到坡上割马草。他先把矛钎（"矛钎"是方言，即"纤担"）放在地上，然后去四周割草。当他把马草抱下来时，老远看见一只小鸟在他的矛钎上一步一步地走着，走完之后就飞走了。他觉得好奇，于是回去跟大人说。当地人有这样的说法，看见小鸟在矛钎上一步一步地走着，这是好事，看见的人将来会当大官，大富大贵。对于当时的田心恕来说，要当大官，只有一条出路——当兵。于是他16岁那年参加清军。而田心恕父亲，为生活所迫，到处帮别人干活，做苦力。有一天，他到凉灯村帮别人挑东西，因劳累和饥饿，年纪轻轻就死在路上，也就是现在的凉灯村三组。因路途遥远，交通不便，就简单葬在那里。后来，田心恕发迹当官，回到凉灯村三组为父亲祭祀。据说，田心恕后来因为身体原因，不方便到凉灯村祭祀父亲，于是在凉灯村对面山头，鸣炮跪拜，以示祭拜。这就是当地人讲的"隔山祭父"的故事。风水先生说，田心恕父亲墓地是块风水宝地，此墓至今还在，可惜行程匆匆，我们没去参观。

二组和一组的房子也保存得很好。古屋、古树、奇石……美不胜收。不过很多房子空了，有的打工，有的在城里买房子，有的搬迁……大家都奔跑在小康的路上。这些古村落即将被历史的车轮载去越走越远。

　　下午四点半，我们依依不舍地离开"老鹰落脚的地方'夯滚夯呶'"——凉灯古苗寨。回想这一天仿如隔世的行程，有几多不舍，像即将离开心仪的女孩，惆怅着下次相见，不知何年何月？

凉灯，一幅田园牧歌的优美画卷

吴柜贞

对于凉灯，我是陌生的，又是熟悉的。陌生是因为我一直没有去过，而熟悉，是因为那儿是如我这样的苗族人真正的家乡。我们穿一样的衣服，佩戴一样的银饰，唱一样的歌，而语言，使我们瞬间相亲，不能割舍。11月29日看完长潭岗回来，爸爸说你喜欢写写拍拍，不如让老弟带你去凉灯看看。听了父亲的建议，老弟满口答应，心里无比的激动和兴奋。说实话，对于凉灯，我早已心动已久，但自己没有车，搭车又不方便，再多的心动，都没法行动。身为土生土长的苗族人，最抑制不住的是对家乡那山那水的爱恋。再加上老师和弟弟在朋友圈发过凉灯的风景照，刘叔和凤凰作协那帮老师多次去凉灯的那些记录，如同一根琴弦撩动着苗家游子的心，心不听使唤。

　　弟弟邀上侄儿和堂哥，加上我和爸妈，一行六人自驾游，朝着凉灯缓缓而去。从山江过千潭、毛都塘，顺着歪歪扭扭的乡村公路下山而去，一直下到山谷底的三叉河。在三叉河处停车，抬头仰望，巍峨的大山直冲云霄，河里的水清澈见底，水底一颗颗石头，游来游去的鱼虾如同在玻璃缸里行走。听着溪里潺潺的流水，就像谁在哼着一曲遥远而又动人的古歌。

　　父亲抬手指了指刚才从上面下来的那座山对我说："据说那座山是一座象山，那头大象直面三叉河而来，看，那就是象头。"我仔细瞧了瞧，那座山正像一头正在咕咚咕咚喝水的大象。有一条公路在对面山的悬崖峭壁上像条银蛇一般崎岖蜿蜒。

　　休息片刻，车子继续往三叉河的左边而去，那路越走越高，越高越陡，从山脚爬到山腰处，看着曲折蜿蜒的公路，像壁虎般在绝壁上攀爬，心里扑通扑通跳起来，紧张，兴奋，激动顿时塞满了心底。站在山腰上，回头看公路，心中感慨万千，让我深切地感到，如果国家没有繁荣富强，凉灯这么闭塞的地方要通上水泥路难上加难，若是仅靠村民自己，也许还通不上那条水泥路。路途艰险，工程浩大，无论是财力还是物力，只有国家才有这样的魄力为凉灯这样闭塞的地方打通一条通向希望的路。

先不说凉灯里面那些世代居住和繁衍生息的村民生活的艰难，只要看看这些山路。离凉灯最近的集市是山江镇，一个人空手走路，都极其困难，何况赶集买卖东西。曾有人形容说："若是背篓滚下坡，捡回来起码要一个早晨，或者宁可不要。"可想而知，从山坡上滚下去，滚到谷底一来一回，一个早晨就过去了；滚到悬崖峭壁下边，确实不如不要。

　　还有人这样形容凉灯人：住在凉灯的人，农忙时节，连孩子都不认得父母。这一点也不假，比如正逢农忙时节，田地又远，天还没亮，大人就起床做饭，吃了就带饭去地里干活。大人走了小孩还没起床，晚上娃娃们睡着了，大人们才收工回来。久而久之，那些还吃奶的娃娃连父母都不认识。曾经耳闻，而今亲临，深深地感到他们生活环境的艰苦。

公路一直朝着山顶而去，透过车窗玻璃，天高地远，湛蓝的天空，像大海般深邃，阳光明媚，万里无云。对于凤凰来说，凉灯的海拔是相当高的，爬到凉灯山顶上，你目所能及之处毫无阻挡之物，那些山一座连着一座，山与山之间沟壑纵横相间。

在一个山坳里，当地人修建了一个加工竹笋的蓝色铁皮厂房，在明媚的阳光下，蓝色铁皮厂房是那样的耀眼和夺目。是啊，凉灯这里竹多树少，春天雨后，大山深处的竹笋就像不听话的孩子调皮捣蛋地拱出地面。那些不能外出打工的人们，就可以在这里工作或者采竹笋卖给工厂。

绕过两三道山坳，远远就看见错落有序的黄泥墙、黑瓦片的苗家房子，从车窗直扑眼底。这个寨子坐落在悬崖绝壁的山头上，场地还算宽敞，右侧开辟了一些农田。来到村头，村头矗立着两棵参天的紫薇树，一棵1050年，一棵1020年，这两棵树在这矗立了千年，我们才姗姗而来。

青石板一路铺进村子，村子安安静静的，没见一个人影。房子上的黑瓦捡得整整齐齐，房屋基石一层层堆垒得那样整齐美观，在湛蓝天空的衬托下，黄泥墙，黑瓦片，是那样的显眼，色调搭配得那样的妥帖。两棵千年紫薇树犹如守卫之神般守卫着这一片远离喧嚣的净土。走在这里，我仿佛回到了遥远的童年，看到黄泥墙上留下的一个个蜂孔，仿佛看见那个扎着羊角辫，一手拿着竹丫丫，一手拿着瓶子，对着泥墙上的蜂孔掏，蜜蜂在泥墙洞中发出"嗡嗡嗡"声表示坚决的抗议和谩骂。

村口有一丘田，稻茬下布满了碧油油的草子，田坎上堆着大大小小、高高矮矮的草垛。苗家房子，田野草垛，稻茬下墨绿的草子，湛蓝的天空，保存完好的原始农耕文化，勾勒出一幅世外桃源、田园牧歌的优美画卷。

凉灯，一个世外桃源般的世界，一幅田园牧歌的优美画卷。凉灯之行，让我感慨万千，在感叹大自然瑰丽的同时，更多的是感动。感动生逢盛世，国泰民安，国家繁荣富强给农民带来的幸福和希望。

幽幽凉灯村

刘 伟

凉灯村位于凤凰县西北部，北与腊尔山镇接壤，地处山江苗族生态文化保护核心区，距离凤凰古城 28 公里、山江镇政府 8 公里。全村分为 5 个自然寨，每个自然寨聚集而居，呈扇形散布于山腰。全村山地多农田少，无固定水源，主要农作物是稻谷、红薯和玉米，烤烟是村民的主要经济来源。现在生活着 160 多户 820 多人，是一个以龙姓为主的苗寨。2013 年 8 月，凉灯村入选第二批中国传统村落。

凉灯村平均海拔在 800 米以上，境内山峦叠嶂，奇峰挺秀，树高林茂，动植物种类繁多。其最显著的特点是几条大峡谷把村寨与外界隔开，未通公路前靠一条险峻的古道相连，可谓"对面讲话听得见，走路却要大半天"。在苗语中，"凉灯"翻译过来就是"老鹰落脚的地方"，这十分形象地描述出凉灯村山高路远、跋涉艰难的地形特点。曾在此驻村多年的山江镇文化站龙生福介绍道："别看这些寨子隔崖相望，近在咫尺，下山上山得花 2 个多小时。若是所有寨子都走遍，需从天亮走到天黑。"即便 2010 年修通了环村公路，坐车绕一圈也要花 3 个小时。直到 2017 年 5 月环村公路硬化后，凉灯人才逐渐改变肩扛背驮的生活方式。

如此特殊的地貌和封闭的环境，使凉灯村的特色民居保存十分完好，有利于人们研究古时社会的民俗学、建筑学和环境生态学。现存的传统建筑大多修建于明清时期，村道地面以青石板铺就，大小街巷通道网状交叉，房屋以青石、土砖、椿木、泥巴等为建筑材料。从整体布局看，凉灯村一组、四组两个寨子最为漂亮，这里的房屋相邻、院落相接，显得紧凑而精致，古朴而宁静。二组则保留有一栋精致的吊脚楼，它不同于常见的石砌房屋、土墙房子，也不同于简陋的木板瓦房和竹子茅草房，而是用大理石作基脚，正屋由土墙筑成，配屋是木板房。这样既大气美观，又能隔出独立房间；既牢固耐看，又适宜居住。

近年来，美丽质朴的

凉灯村吸引了来自全国各地的摄影爱好者和美术爱好者。有关凉灯村的作品常常呈现在各类媒体、画展和摄影展上。凉灯这个山村逐渐被外面的世界所了解，这片宁静的世外桃源由此变得格外为人瞩目。

毕业于中央美术学院的黄于纲是个绘画爱好者，2003年第一次来凉灯，觉得这个高山深处的偏远山村恍如自己的家乡。2005年，他再次来到凉灯村，老人龙升平在家里放了一首苗歌，他便花十几块钱买下来，作为作品《年关》的配音，结果《年关》意外获得了中央美院毕业设计一等奖。本打算在北京寻梦的黄于纲，毕业后用扁担挑着大画板回到了凉灯，常年驻守于此。经过勤学苦练、潜心琢磨，黄于纲绘画技巧日趋成熟，并入选"湖南第二届青年艺术家提名展"。

于轶文是黄于纲的师弟，现为湖北美术学院教师。有一年暑假随师兄来到凉灯后，也喜欢上了这个古朴的村寨。在凉灯村采风期间，于轶文十分热心于为空巢老人、留守孩子画画、拍照和摄像。从2010年起，于轶文决定以留守老人为创作主题，画出了大量留守老人的作品。有的作品甚至大到像一间房间，需要先拆成几块从山上运下来再组装。九年来，于轶文每年都会来到龙升平家里画几个月，常常在熏黑的简陋土屋中，陪老人抽烟、喝酒和闲聊。有了龙升平这个模特，于轶文的作品便更加鲜活动人。他呕心沥血创作的系列老人画《比烟花黯淡·给龙升平造像记》在美术界引起轰动。2017年教师节当晚，央视《新闻联播》对此给予了宣传报道。

除古朴的建筑、秀丽的风光和淳朴的民风之外，凉灯村的苗医药和苗家武术也远近闻名。凤凰的苗医药历经上千年的发展和流传，在治疗、防疫、卫生等方面具有浓厚的民族特色。

凉灯村早期的苗医药与其他苗医药一样具有"医巫一家、神药两解"的特点。经过长期生活实践之后，最终医学战胜巫术、科学战胜迷信。苗医药不仅积累了丰富的实践经验，而且创立了自己的药性理论。《苗医药史话》中记载着这些口诀歌谣：

藤本中空能消风，

对枝对叶洗涤红。

多毛多刺消炎肿，

亮面多浆败毒凶。

补药味甘甜，

注红用涩酸。

芳香多开窍，

消炎取苦寒。

春用尖叶夏花枝，

秋采根茎冬挖蔸。

乔木多取茎皮果，

灌木适可用全株。

鲜花植物对花采，

草本藤木全草掳。

须根植物地上取，

块根植物取根头。

这些歌谣既概括了苗医用药原则，又总结了用药理论，具有实践依据和科学道理。现在的苗医药多以民间行医、个人设诊的方式，继续丰富发展着苗族医药学。前面提到的老人龙升平一直从事瓦匠工作，同时也是懂得医药的苗医，近 90 岁高龄还能爬到房顶捡漏。这与苗医药注重有病早治、无病早防的原理有很大关系。因为苗医药历来强调对身体的保健，主要方法就是练习拳、刀、棍等各种武术。凉灯村的苗医几乎人人都会一两套武术，既为防身，也为健身。村子里最为有名的拳师，当属原村主任龙正云一家。据老一辈人讲，民国时期，战乱不断，天下不平，苗家人习武成风，许多人慕名来到凉灯村学习武术和医药。龙正云的曾祖父龙长青是个苗家武术拳师，曾经做过陈渠珍的保镖和黑旗大队分区教官，创有"苗家拳基本功十二式"。其要诀是：

拳打四门脚踩品，

进退走之似蛇行；

胸要含来膝要紧，

步要立稳手要狠；

立足之地能伸展，

打穴击要鬼神惊。

这种通过长期实践领悟出的苗拳要义，以近似歌谣的口诀流传，对没有文字又要传承文化的苗族人民具有极大促进作用。因此，即便到了龙正云一代，依然能够熟练掌握技巧，传承苗族拳术。2014 年，龙正云受邀参加中国·凯里苗族武术演武大会，将凉灯的拳术展现给了全国观众。

岁月悠悠，凉灯幽幽。站在高处，极目眺望，眼前群山连绵不绝，树木苍翠欲滴，大自然鬼斧神工造就了凉灯村明丽隽永的山地风光，勤劳的苗族人民建造了古老的特色民居，传承着神奇的苗医药和精深的苗族武术。更加庆幸的是，走过数百年风风雨雨的凉灯村在大拆大建的浪潮中，依旧保持本真生态，静谧而古朴，安宁而祥和，给游人留下了浓浓的乡愁。

风云际会的苗寨黄茅坪

杨凤举

　　镇筸城往西，沿沱江上溯至长宜哨、黑冲口，翻山走千工坪，往前就是苗乡黄茅坪村。

　　这是一条古道，挑脚往贵州松桃、盘信，四川（今重庆）秀山、酉阳或走县内的鸭保寨（禾库）、新寨（腊尔山），都是走这条古道。黄茅坪是古道一个中途歇脚点，也是苗乡远近十八寨的政治、文化、经济的中心。

　　村子周边是山，围成一个不规整的梭形小盆地区域，又有点像金元宝形状，几面山坡尽是林子，古树郁郁葱葱，绿意盎然。村落星罗棋布于山脚，或三家五户散居、或三五十户重重叠叠，都是依着地形、水源落根。一条山溪自西北向峡谷入村，从东南角深谷流往千工坪，从高处看这溪流，犹如一不经意间遗下的一根麻线，要不是沟溪两侧全是一块连一块的稻田，沟溪几乎看不到踪迹。

沟溪小，水流更小，那水经年潜藏在卵石下流动，偶尔才有小水潭，显示沟溪并非干涸。水潭有鱼虾，都小，夏秋时节则是小孩子的乐园，摸鱼、捞虾、扑腾戏水，孩子们可整天在沟溪里玩到疯，等天将黑大人来叫，扯着耳朵回家。

盆地中心有几排房屋，百余米长度，石片砌起的房子围出一条石板街，是集市。街道宽不过两三米，两面店铺，三、八逢集，远近苗寨的人都聚过来，熙熙攘攘，水泄难通。古街道不仅进出口都修建厚厚的青岩墙、厚实的

木板门，相应的位子上建有保家楼、射击孔等安保措施，依照地势中间地段也设立门卡，以防万一有山匪攻击、劫掠，集市的安全很大程度得以保障。古集市规模不大，山货、农产、药材的出售，采买布、铁、盐、农具等生活必需品，有饮食、百货、南杂各色商铺与店面，使得集市嘈嘈杂杂。

20世纪70年代我第一次来到这集市，人太小，除了拥挤这个印象其他都没记住。到80年代末走上工作岗位分配在山江中学教书时，这老街集市还在，只是老商铺大多迁移到贯穿山

江镇的公路两侧、新街，除了几家餐饮店，就只是卖肉摊子和附近卖菜的苗民。随着山镇建设，老街慢慢废弃，之前的岩石房子也重建成砖混楼房，当初的味道被岁月冲刷无存。

老街集市窄而小，容不下太多的人流，于是，年轻的"黛熊""黛帕"就不同为生计赶集的父兄、妇人挤，在集市边缘地带汇聚，这是不是苗家最负盛名的"边边场"的由来？我无从考证。

90年代之前，打工潮还没兴起，黄茅坪村集市最具特色的就是边边场。苗家的婚姻自古相对自由，青年男女在集市或其他场合见过面，彼此有了好感，之后便追。在集市上男子三五成群跟随女子身后，不停地搭话，用言语、苗歌、热情、雄健和智慧，赢得女子的认可。这时候，女子往往会说一个时间、地点，这是有约了！男女双方会在约会时加深了解，选择自己的婚姻伴侣。更多的青年男子，在集市中还没约到美眉，便在集市外路口候着，跟回家的女子"讨糖"，只要女子搭腔说话，他们便尾随着女子一路在山道上，放歌！

"边边场"是苗家青年男女自由恋爱的方式，不过，中华人民共和国成立之前的年轻男女要保守得多。集市散场后，虽有一路对歌、木叶声声、欢笑阵阵，可所有的活动都要避开女方父老、兄弟、族人，在隐秘的状态下进行。男子追在女子身边，一旦被女子族人、村里后生发现，要做好挨揍的准备，要相机逃跑，不然有可能会出人命的，因为这是侮人之举。

苗族也有按正统模式缔结婚姻的，那些由父母做主，讲究媒妁之言的，多半是有名望的富裕人家。在聘礼上，则是以男方送多少就是多少为主，女方不主动开口索要。索要彩礼的行为会坏一家一族名声，被骂为财卖女，让人轻贱。苗家婚事的彩礼如今有较大变化，特别是近几年，攀比成风，已经有很坏的风气。曾在微信朋友圈中见人晒出彩礼，除了银饰、三金、家具电器、婚房用品、新娘全套穿戴之外，要车、要房，而放在托盘上端着的现金到目前已经涨到二三十万元，一堆红红的票子让人看着不由心里冒出冷气。这种攀比与习气很不好，希望有好的舆论导向，让大家返璞归真。

撤销区一级行政单位之前，麻冲、板畔、木里、千工坪和山江五个乡归属于山江区，这一行政统属是延续于历史的行政划分，这一片区域是苗族聚居区。按照明清朝代汉族学者冠以的他称，这里的苗族被叫作"生苗"或"红苗"。黄茅坪村则是全区政统的核心，有"苗王"管理日常行政，收缴钱粮、派劳役、调解纷争。所谓"苗王"也就是当地德望高的人，会被县府委任职务，对山区苗人进行管理、统辖。民国以前，封建皇权讲究皇权不下县，主官一级最低就是县令，其他的便是吏员、佐官。乡、保、甲基本上是当地名望高的人来担任，这些人发一句话，乡里乡亲的也都肯听，不敢违拗。

黄茅坪当年也是这种管理模式，征粮、派役或要修路架桥等，都是村里话事人一句话分派下来，全村人都听从。而话事人在处理这些事务时，大多量力而行，不至于欺压某一人家，至于欺男霸女本村之间也少有发生，毕竟一村一族都是或远或近的血脉相连。再者，历史上经历乾嘉苗民起义，苗族村落之间也有历史上的积怨，村里各家之间抱团自保，到20世纪八九十年代都还有明显的痕迹。直到改革开放后，民族之间才真正融合起来。如今资讯发达，有诸多渠道让山里人了解国内外发展形势，了解外面的世界，步入21世纪黄茅坪村开始进行旅游开发，苗家人对外来的客人分外热情、诚挚。

苗族历史悠久，源远流长，有着璀璨的文化，准确记载的史料可上溯至三皇五帝时代。苗家七宗，苗姓是削、没、边、管、卡、来、刊，传说发源于七大山脉，真实地理已经难以考证。黄茅坪这里的苗民是七宗七姓都有，汉姓以吴、龙为主，麻、石、廖次之，其他姓氏为辅。

苗族主要分散在西南几省。各地苗族在大的习俗上是有共性的，如还傩愿、苗老司、椎牛等求福祭祀活动，再如爱唱苗歌，佩戴银饰，过六月六、四月八、重阳节等。然而，代削、代卡、代边等分支之间确实有不同的习惯，凤凰县境内就有不同宗源导致十里不同音，甚至连一些习俗都有较明显的区别。比如禁忌、银饰、头帕、服装、苗歌调子、语言腔调、称谓等，以黄茅坪为中心的山江镇区域跟县内的腊尔山、禾库、大田、三拱桥跟阿拉镇一带等确实不同。山江镇与腊尔山、禾库仅相隔一条峡沟，我3岁在两头羊苗寨长大，又在山江镇中学上班16年，算得上苗语精熟，却没法流畅地跟腊尔山或禾库的苗家人用苗语交流沟通，与花垣县或外省的苗族用苗语交流，完全像是听不同语系的语言。

当然，这些差异也是因为一代代人逐渐变迁而导致的。据我了解，黄茅坪的唱苗歌起调与禾库等地差别较大，佩戴的银饰也侧重不同。黄茅坪苗家妹子的银饰整套用银在三到五斤，手镯、戒指、耳环、项圈，头上有凤冠、步摇、关刀、头顶饰品，胸前有针筒、围裙边饰、长条链子，侧右也有银器配饰。自古以来黄茅坪苗女银饰注重打造的手艺，银匠追求的是技艺精妙，匠人们各自凭借自身的才华，打造更精美的饰物，揄扬名声。

苗家的服饰极具特色，对襟衣，一层层穿着，大筒裤比较短跟如今七分裤长短差不多，小腿会有绑腿，自然是天气冷用于防寒。头上戴帕子，帕子有两种，分为丝帕和棉布帕，长短没有明确的规范。赶集、做客或正式场合都会戴上头帕，不一定用于防寒。小时候曾听人说过，男子头上的帕子在发生冲突时用水浸透，拧干，可当做棍使，保护自身，攻击敌手。成年男子不戴银饰，除非命相上要求，才特别打制、佩戴。

女子的服饰精美而丰富：穿绣花鞋，长裤裤脚有花边，围裙、外衣有银饰和刺绣，上装基本是从下巴位子斜拉到右侧身，一排布扣子，丽装异常精美，完全展示苗家女子的聪慧与灵秀。头帕也分棉帕和丝帕，有长有短，在正式场合下，会将自己最长的帕子层层缠绕成卷筒状戴在头上，女子最长苗帕的长度达四十二尺是本人高度的八九倍。当然，小手帕是一定要有的，绣了刺绣，通常藏在头帕里。

黄茅坪在苗乡不算大寨子，据老一辈人回忆，村子不足一百户，人口有六七百人。以前一直沿称苗语"叭（bia）固"，乾嘉苗民起义时，曾有总兵驻扎被名为总兵营，民国时县长李宗祺更名为敦仁乡，中华人民共和国成立初划为第三区叭固乡，人民公社化时期改为山江公社，改革开放后更名为山江镇，黄茅坪这个村名反而少用。

山乡之地，前朝旧事中黄茅坪村时有动荡、战乱，很大程度上限制了村子的发展。乾嘉苗民起义进程中，黄茅坪虽不是战场的核心地带，但清兵驻扎于此，黄茅坪这里的人们受到的

影响是很大的。直到后来革屯、倒何、抗日前后几年的斗争历程，黄茅坪一直扮演着一个分量不轻的角色。

辛亥革命前后，民间的哥老会在四川、贵州、湖南等地活动频繁，势力较大，成员的发展渗透到各阶层、各行业。湘黔川交界地区，清政府统辖力度不足，民间社情纷乱，行会势力众多，情况复杂。期间，黄茅坪村走出一个争议较大、在湘西乃至湖南都有不小影响力的人物，他便是"龙云飞"。龙云飞祖居凤凰县大田乡，大约在1900年前后随父龙福寿迁居黄茅坪村，他自小习练武术，个子虽不大却骁勇豪侠。其父初迁黄茅坪时，经常与当地守备赌钱，守备赏识其父机敏达练，任命为苗寨头人。这个官身让龙云飞受益不小，在黄茅坪及周边村子名声渐起，聚集了一些弟兄。

黄茅坪与贵州松桃等地有比较密切的联系，龙云飞经常外出，随后在贵州闯出名堂，名声传开。民国二十六年组织八千人马成立"湘西革屯抗日救国军"，龙任总指挥，攻占专员公署驻地乾州城，后又围困凤凰县城5天。民国二十七年，龙云飞所部被收编为湖南省新编第一旅旅长，次年，该旅改编为暂六师，龙云飞任师长。该师在津市抗日战斗中作战勇敢，夜袭敌营消灭一个排的兵力，受到嘉奖；之后参加长沙会战和鄂西战役，先后获取不小战果。在抗战中，龙云飞曾获"中正剑"奖励。到民国三十年，因为省里权力倾轧，龙云飞受到牵连，调任第九战区长官司令部少将参议，失去兵权，闲住沅陵。几年后，龙云飞返回黄茅坪居所。

黄茅坪曾经是全国卫生模范村，当初就听说过，却不知详情。这次重返黄茅坪有意了解内情，当年的情景令人惊叹：中华人民共和国成立初期支书吴文德（第三届全国人大代表）带领下的黄茅坪村，在 1951 年被评为湖南省第一卫生村，1958 年成为全国卫生村，得到周总理亲自嘉奖、授状（全国农业先进会议）。当时全村各户在卫生上的要求非常严格，做到三天换洗衣服，一月换洗被子、蚊帐，每家洗脸毛巾不共用、洗脸盆不共用，家里吃饭用公筷，而对公共卫生的要求就更严格，简直是尘埃不染。提到这些卫生要求，我们听了都敬佩不已。即使如今经济有了飞跃发展，不少人家都达不到当年的卫生条件要求。

日月如梭，如今的黄茅坪村已经有了巨大的变化，用现今村支书杨冬的话说：黄茅坪虽然是苗乡却要跟上国内发展与建设的步伐，要跟国际接轨。确实，"十三五"以来凤凰县找准了以旅游兴县、大力发展文化旅游的振兴之路，规划建设以凤凰古城为核心的全域旅游。黄茅坪则是全县全域旅游的特级驿站和游客乡村游的交汇点，在发展建设上打造出具有湘西苗族风情特色的新式田园小镇，成为"特色＋旅游"的一个集合体。对远方来的客人展示民俗工艺文化、苗族传统风俗、苗族美食养生传承与体验、传统民俗生活体验，让客人们全方位了解苗族的文化与生活中的美。

两三年之后，小镇的建设将告一段落，再看黄茅坪时将会是极具民族特色、全新的面貌。

历尽险峻见苗寨——早岗村

杨凤举

苗寨不大,几十户人家而已。

藏在深山,依山傍水,在山弯里落户成寨。第一次去早岗村,是因为学校开学前对学生做入学家访,在石板、土砖、青瓦房屋间穿行,恍如穿越到古旧时代。好在我和同事都精通苗语,按名册家访串走,挨家入户,感受着苗家人的热忱,也感受到村里人的贫苦。当年苗乡学生读完小学后,辍学率是很高的,学生辍学的主要原因是家庭困难,20世纪90年代初学费、书杂费都不减免,入学应缴费用两百元之内,山江镇中学经常遇上拿五元钱来报名读书的学生,班主任或劝学老师就必须拿自己工资垫上,担保欠缴的费用,确保学生先入学。

村寨虽美,我和同事的注意力却在辍学学生身上,任务是名额到人,压力大,对寨子的美仅仅表示惊讶没多少心情细赏。从山江镇走早岗村有两条路,一条是穿过马鞍山苗寨上山,入林,沿着沟渠、梯田之间的青石板路进村寨;另一条却是走水路,寨子下是水库,乘船或竹筏,破水而行,两岸山石、乔木古树,美不胜收。早岗村下的地势原本是一条沟垄,两山夹沟,离村三四里处,两山呈合拢之势。从村子起源的溪流却钻入山体,从岩洞流泻，穿过百十米山洞才又流出。每到春夏山洪，山洞来不及将浑浊的水消化流走，积淤成湖，水淹两岸农田。不过，这样的水淹时间较短，对农田的产出影响不大。

中华人民共和国成立后，有人提出修建水库，引水灌溉。这个提议很快得到批复，水库修建始于1955年，将消水的岩洞进行处理、封堵，留下可控出水渠道，便将水积蓄成水库，这便是山江一库。到70年代初，山江镇大兴水利，从一库出水口打洞凿山引水灌溉，修通万米渠道，将一库的库水浇灌周边山田，覆盖面很广。

同时，在一库下游峡谷出口再修建一小水坝，是山江二库。二库库区短又是峡谷，蓄水量不多，引水沟渠却长，灌溉覆盖了黄茅坪、新光、苦李坪等村寨以及千工坪乡部分村寨。二库到90年代末荒废不用，后来因为旅游开发，才又蓄水。

如今，去看早岗村古苗寨多是走这条水路。从黄茅坪村西北的峡谷口上二库堤坝，堤坝呈弧形，高十几米、长不足三十米。堤坝镶嵌在峡口山体，两边山体是斧劈刀削的青岩石壁，高耸如云。石壁上长有乔木，常年青翠，穹俊苍朴，傲迎风雨，姿态万千。一个"险"字，站在二库堤坝上，俯仰皆让人心惊胆颤，却又享受这山形地貌的峻绝之美。

二库蓄水并不多，峡谷里横波最宽处不足百米，窄处不过二三十米，水与乔木、青草相连，两侧山则几百米高耸，水在这样的环境里更显碧翠，恍若一池淀青。

过二库堤坝，小径贴着石壁，往里走有新修建的码头和楼阁。码头停有竹排和机动小船，供游人在峡谷湖面溯游。水面而行，静谧平和，人所有的烦恼都会消散，身心融进这山这水这美景。偶尔有一群小鸟在峡谷壁崖林子枝头窜飞，叽叽喳喳的，峡谷更加安静，生机盎然，远离尘嚣，犹如身在仙境。

竹排上行，峡谷逐渐开阔，到正午会有阳光照射，游人往往看到半山间的彩虹。七色而绚丽的彩虹，如梦如幻，时隐时显，见到这彩虹的人都会惊叫起来，得意于自己的好运气、好人品！

峡谷并不长，不到两千米，在一高大的山洞前下竹排。武陵山区多属喀斯特地貌，岩洞极多，二库蓄积的水尾直接进这几十米高的幽深洞内。行人从几乎与水面齐平的青石板上走，抬头隐隐可看到洞顶，有钟乳石错落垂挂，有彩灯照射显出最精彩的画面，有滴答的水滴从钟乳石尖尖落下。走进山洞，人

紧张而警觉起来，讲解员会说一些关于山洞的旧事。这些故事有的是传说演绎，有的是真实发生的旧事，不一而足。

转过两道石壁，前面突然光亮起来，却是穿过山体后，这里是一狭长天井。仰头高望，很难估测这笔直的山壁有多高，光从上下来，不知正午会不会有阳光照到下面。石壁上除了经年的苔藓，偶尔有一小树或草蓬，彰显生命的强大。脚下是水流，这时的位子比水库波面要高，水流淙淙，在这样幽深的环境，人会觉得自己真是须弥一介。

这条深深的狭沟总长不足一百米，往前走再次进入溶洞，不深，有从早岗村下的一库流出的水落泻，声响轰鸣，水汽弥漫。溶洞内钟乳石不算太精巧，但开发这里的创意不错，沿山体洞壁修成螺旋盘升的路，逐渐往洞顶走，视野就逐渐变迁，感受溶洞中各高度视角的不同景色，欣赏到风景的精华。

继续前行，则是一人工开凿的通道，整个通道都是青石壁，穿过之后则是一仿古阁楼。出阁楼大门，陡然间视野开阔：一波平坦的水面延伸远离，人的精神格外敞亮、畅快，会竭力嘶声地吼喊起来。却是到一库堤坝上了，站在堤坝远眺，库水狭长，左面水岸是怪石崖壁，石崖上有古拙的乔木林子；另一面则是缓坡和农田。三月，农田里是连绵相接的油菜花，灿烂炫目；九月，农田里则是沉甸甸的金黄稻子，硕果累累。

遇上满坡黄澄澄的油菜花，花香飘荡，这一方空间散漫浓郁的香，将水面上游人的魂儿都带走，他们醇醉了，唯有一片惊叹、惊艳！遇上金灿灿稻子成熟，满坡的金黄并不灼眼，稻田有"嘭、嘭、嘭"的打谷声、有早岗村苗家人欢愉的呼喊声、有群鸟争食的鸣叫声，竹排上往早岗村游玩的人们，同样会迷醉在这样的田园风情里。

乘船观赏山水风物，时间过得太快，船行走虽慢，可短短几里距离的水路让人觉得太短，还没回过味就看到水尾了。实际上转过山脊就看到早岗村苗寨，寨子依山修筑，古树间杂，房子在枝叶中掩映明没，让人对苗寨有更多的期待。

在码头下船，有寨子的苗家少女引领，拾级而上，去探索古苗寨之旅。进寨之前，有一门关，一群苗妹子站在门前将去路拦住。她们身着苗装、佩戴银饰，走动时银饰摇响，如桃花的脸儿也极为引人瞩目。苗妹子手中各端着一碗，碗里盛满水酒，苗家人自酿的米酒。

懂行的人知道，进苗寨是要卡酒、卡歌的，这是苗家人对远来客人最隆重的欢迎仪式。在古代，生存环境恶劣又有统治者的盘剥、欺压，苗家人在深山里刨土求存，自然生活困顿。但对客人的到来，依然用家里最珍贵的藏品接待，那就是酒。卡歌是让客人一展才华、赢得来自内心的尊重。苗家女会先用最热情的歌声、歌词来表达对客人的欢迎，使得主宾皆宜，赤诚相待。

一阵整齐、动听的苗家山歌唱出来，祝福并赞颂到来的客人。客人回应了歌，赞美了美女们，接过苗妹子递来的酒碗，仰脖灌下。卡歌、卡酒环节也就走完程序，对远来游客们，唱歌要求并不复杂，只要一曲表示意思就 ok 了。可在苗家人内部，卡歌往往会请歌王随行，主客之间的对歌，会复杂得多，形同较技！

进寨门，苗寨的风貌如同一卷长长的古画卷逐渐展开：青瓦、青石墙、土砖墙、石板院子、石片围墙、吊脚楼等，如果进某一家屋子，会了解更多苗家生活情况。村里吊脚楼并不多，因为吊脚楼是富有人家才可能建造，他们才担负得起这样的居住成本。

我生活在苗区的时间长，因工作原因常到苗寨走访、劝学，远近几个乡镇的苗寨基本走遍，见多了不以为奇。对第一次进苗寨的客人，随意地进入一家屋子，都可看到不少之前没见过的物件，交流中会得到很多新奇的东西，使你旅行收获满满。

寨子有展示苗家风情的表演，节目基本固定：竹竿舞、苗歌、跳茶灯、苗族史源舞蹈，上刀山、吃炭火、踩犁口（烧红的犁口）等苗家传统绝技，最后的节目则是牵手舞，将客人带到表演场地，牵手共舞，表演时间差不多两小时。

游苗寨最后的一道环节是长桌饭，十几张小方桌相连摆放，客人坐于两侧。菜是苗家风味，酸、辣为主，米饭是本地所产。米酒、腊肉、苗家豆腐菜、酸鱼或酸肉、时鲜蔬菜、土鸡或土鸡蛋、一大钵子酸汤。

值得一书的是苗家酸汤，本地有句谚语：三天有洽算，走路打银窜。意思是苗家人三天不吃酸汤，走路都不稳当了。其实因为古时苗家生活贫困，又居于深山，缺盐少油只能用酸菜来取味。不过，苗家酸汤非常到味，纯醇，开胃之极。

饭后，游人在导游引领下上车，离开苗寨。

山坡上默默守望的村庄——竹山

王彦人

"莫听穿林打叶声，何妨吟啸且徐行。竹杖芒鞋轻胜马，谁怕？一蓑烟雨任平生。料峭春风吹酒醒，微冷，山头斜照却相迎。回首向来萧瑟处，归去，也无风雨也无晴。"

——苏轼的《定风波》

真的，或许我应该说点什么，为竹山，为竹山一样的村庄。

竹山，顾名思义，长满竹子的山村。从地理上，竹山村位于凤凰县西北部，属麻冲乡，南北宽约 3.5 公里，东西长约 3.8 公里，东毗沱江，南抵乌巢河，西以昆仑双峰为屏，北环两岔河，风景秀丽，属于湘西地区典型苗族聚居地。而今，驻扎在山上的竹山没有苍翠的竹园，且山高壑深，甚至可以说有些"山穷水恶"。全村四个自然寨，两百六十多户人家，建档立卡户近七十户，是一个国家级深度贫困村，扶贫工作的硬骨头：没有良田，也没有厚土。

立刻，我点进麻冲乡扶贫群，搜寻竹山的线索。也似上天安排好的一样，群里刚巧发着一组竹山的文字和图片：省旅文局工作队刘队长给竹山村一位常年不出门的 30 岁还没办过身份证的贫困户上门理发。一个省里的干部，为了鼓励一个一直蜗居的小伙子走出家门，有模有样地做起了理发人！立时，我申请加友省队队员——蓑烟雨。

微信对话框里，对方微笑回复："是的。"

没想，在这偏僻的青壮年几乎都外流谋生的贫困山村里，却进驻了一位爱着诗词的省城年轻工作队员小艾。我们约定，第二天，去那个"山头斜照却相迎"的地方寻故事。

翌日，省县工作队和村委很认真地给我们请了村里年岁第二高的老人吴梦金，在四组老支书家里的火塘边，讲竹山的故事。老人一口的苗语，口若悬河，我却聋子听雷，呆头呆脑地琢磨着苗语里偶尔掉落的几颗汉字，努力揣摩着竹山的过往。但终究不懂，倒是后来老人如数家珍地背诵到了竹山生产队大力搞生产和学文化的宣传段子，我听懂了些。老村支书旁边解释说，如今 86 岁的老人，一字不识，但一百多条毛主席语录，他可以一字不漏地背诵出来，不仅当年，而且现在亦然。年轻的时候，老人该是何等的有激情有干劲，历经半个世纪了，还记忆犹新、出口成章地背诵这么多语录，不减当年的热情，让我们感受到那些年月竹山村如火如荼的大干特干。这块贫瘠的土地，这里贫困的人们，是多么地渴望改变。

出了火塘屋子，我们向竹山一组出发。宽阔的千云二级公路，从竹山村中间横贯，公路上方山腰上有一组，平穿四组，公路的下方，有竹山的二三组。正走着，村长来了，是个四十

左右的高个子男人，戴着一顶长舌帽，操着一口纯熟的普通话，很有些艺术范。这样的年龄，这样的装扮，这样地道的普通话，在这么偏僻的村子里，总是感觉不太正常。一聊，才知道，村长吴建龙是个四处云游采风的美术人。在外闯荡了好些年，成就也是不小，去年村支两委换届，他参加了竞选，做了村长，既想住家里安心地创作，更想为家乡的建设尽一份绵薄之力。没想到，在这偏僻的山村里，居然蹦出一个艺术家的村长！有人说，故乡，魂牵梦萦着我们的灵魂，却难以滋养我们的身体。所以，漂泊，孤独，乡愁，成了我们这群农村人笑容底下抹不去的瘀结。我们，成了南来北往的归归红，拼了命地在寻找归宿，却哪里也不是真正的栖身之所。可惜，自己的理想太大，自己的故乡又太小。为谋生，多少人正为他人家乡的建设付出所有青春，而自己的故乡却在贫困中默默地守望。

聊着，我们进了一组。七十多户人家，斜斜的，攀援着山坡次第而建：七拐八弯的青石板巷子，黑黄相间的青石基脚加泥黄土砖的围墙，原始古朴的石门坎木大门，在秋雨中尤为油亮的一座座青瓦屋顶。这就是还没有被"现代化"的竹山。立时，我被一个极普通又极别致的大门，拽住了前行的脚步：大门的门楣，用薄薄的青石片独具匠心地叠写着一个大大的"人"字，隐隐地向人们昭示着什么。那两扇木门，已经漂白了，如两位风雨相依执手百年的老伴儿，彼此扶持着驻立在那里，慈祥地招呼着我："妹崽，到家里坐坐吧！"似曾相识的情景，莫名的亲切，一份久违的感动冲塞我的鼻腔。毫不犹豫，我离了队，向那个别具一格的宅子，折了进去。轻推木门，居然没有栓闭！

我像回家一样，自自然然地抬腿进了门。没有我想象中的正房，迎面而来的却是一个三十几平方米的长廊。青石黄砖的围墙风格依然，青石地板却别出心裁地铺出另一番风景来：中间一条笔直的宽约 60 厘米大石板铺就的过道，两侧以过道为中轴，密密匝匝地对称排列着小石片，形成简单却又美观大方的"地图"。长廊最里边靠墙处，还砌了约五六十厘米高的花坛，由左右斜插成菱形网格状的竹篱笆围着，一排齐整的紫红色的鸡冠花在深秋里，依偎着篱笆一团一团地绽放，开出了牡丹的骄傲与大气。这是怎样的苗族小农家，将日子过得如此的风雅？

"结庐在人境，而无车马喧。

问君何能尔？心远地自偏。"

我倒觉着，这是地远心自闲了。人世间，富甲天下也罢，权倾朝野也罢，倒不一定去羡慕。人生的幸福，若能安守如此，或许足矣！

许久了，没能有闲情逸致，这会儿被撩拨得难以自控！循着石板长廊，往前走，再登上五六阶石阶，我轻扣柴扉："请问有人吗？"一位四十左右的女子笑吟吟地迎了出来，不问来人的来路与来意，自然大方，没有丝毫的戒备。又是石墙院子，正房三间，木房：木柱木梁木板壁。右侧主房，三位老人正围着火塘聊天，熏肉架上悬吊的烧水铁壶任火苗笑舔着黑漆漆的大肚子，一边耍样没劲地暖着热水，一边静静地、耐心地倾听着老人家们翻炒了无数遍的陈年往事……我的视线被灶房的一个碗柜吸引住了。木质的碗柜，高过人头，三层，设置了诸多的窗格、拉门和抽屉，让人有些眼花缭乱：碗盏专柜、油盐酱醋专柜、菜肴专柜……它不仅功能齐备，而且门柜和窗格上雕满了栩栩如生的花鸟草枝，让人觉着那香气默默地渗进了饭菜里、杯盏中。碗柜的旁边，矗立着长约一米有余，高约五六十厘米的长方形石缸。我还以为是苗家的米桶呢，心想："大米装在石缸里，应该很浸凉，不生米虫吧！"正暗自赞叹时，女主人笑盈盈地走了过来："这是以前装水的呢！"水缸的正面雕凿一个大大的"福"字，盛开的牡丹，怒放的梅花，鸟儿欢跃啁啾，周边的一年四景将"福"字烘托得倍加福气，"地灵人杰，物华天宝"是水缸的注脚。后来才知道，这样堪称艺术品的水缸，竹山村几乎普及，其创作人吴明新年岁并不大，现在浙江打工。一个普通的苗族农家，别致的庭院，匠心独具的碗柜，艺术珍品般的石水缸，我渐渐地明白：这个山坡上的村寨，为什么被冠以凤凰县 19 个传统古村落了。

　　循声，我转到了村子深处的另一户人家。同来的县文联主席肖五洋和县作协主席刘萧他们正围着几块雕刻着奇怪图案和文字的木板津津有味地端详、讨论、啧啧称赞着。姚军老师甚至从口袋里取出卫生纸，小心翼翼地贴伏在刻板上，想将文字拓印下来，但没有成功："老人家，我下次来将这内容拓印下来，可以吗？"一位看上去六十多岁精神矍铄的老人坐在屋檐下的木椅子上，乐呵呵地满口答应着："可以的，可以的！"这是村里健在的老司，从父亲那里继承的。因为文革破除迷信，老司的法事也放弃了，以致这些老司神符、咒语的印模有了腐朽

的迹象。这是老人的父亲亲自刻制的模板,不仅文字极其的娟秀工正,就是那些看着也觉得复杂的神符,也雕刻得一丝不苟,透射出神秘与威慑。庭院的右侧,还矗立着一栋保存完好的石墙与土砖垒砌的四层保家楼。保家楼下面两层的外墙黄土砖,用白石灰浆方方正正地勾勒修饰了四边,让原本拙朴的墙体立时俏丽起来。每层都是木板楼,可以容纳一二十人。有个大木窗,站在窗户前,将外面的情形一览无余。我俯视着窗外红绿杂呈、鲜花摇曳的风物,不禁想着:当年,土匪进村时,枪炮声、嚎叫声、烧杀掳掠,瑟瑟发抖地挤挨在这楼堡里的妇孺老少,该是怎样的惊悚,却又是何其的有幸!老人说,竹山的祖辈从腊尔山苗族分支迁徙到了竹山，有六七代的时间了，因为土匪，村子被掳掠过，被烧毁过，但这个保家楼一百多年了，一直完好着，庇佑了多少生命。

出门前，才知道老人家名叫吴培忠，已经82岁高龄了！我们不能不惊叹老人的"经老"！老人以前还是本村的民办教师，竹山的书香门第了。不过，后来又因了什么缘故，他去了职。老人丝毫不向我们提起这些前尘往事，始终乐呵呵的。路上，听说这村里清朝有位饱读诗书的秀才，朝廷请去做官，因为错过了时机，官没做成。我不知道，这位秀才是否遗憾。我只是想着，人生，多风景，多风雨，多意外，但苏老先生《定风波》是妙极了："回首向来萧瑟处，归去，也无风雨也无晴。"

时间紧，我们没有去三组岩洞。我知道，岩洞是一个保护更完好的老寨子，古树参天，清一色的黄泥土墙房子。为了保护传统村落，政府在老房子的对面，建造了五十多栋新房，已经启动了搬迁仪式。从长潭岗的碧波绿水乘船溯游，入鬼斧神工的神龙谷探秘，慢慢回味"暖暖远人村，依依墟里烟"的岩洞古寨……竹山，如果你是来旅行的，一定美！县住建局在村里扶贫快三年了，它曾经还是县长赵海峰的扶贫定点村。今年，更来了省旅发委。政府和扶贫工作队，都看准了"旅游"这张牌，要让这里的人们吃上"旅游"这碗饭。我想，这于竹山来说，也是因地制宜的脱贫方略了。

告别了，我默然回首，衷心地祝愿山坡上守望了世代的竹山：快富裕起来吧，让那些因为生活所迫而漂泊的子民，能因为衣食无忧而留下来，与自己的亲人安享天伦，少些别离。作为一个扶贫人，我更希望，像竹山一样贫困的山村，因为给人世保存一份珍贵的天然资源和历史印记，我们要给它们应有的保护和资助，不要让它们荒芜甚至泯灭。否则，我们这些游子的灵魂，将何以安放……

遗落在白云深处的明珠

——走玩塘坳古寨散记

李云发

　　早就想回茶田镇塘坳古寨去看看,家乡那山、那水、那乡情令人神往。

　　这个愿望终于在 2017 年,一个阳光暖暖的冬日如愿以偿,和摄友们来了次说走就走的游玩。早 7 点从凤凰出发,约两个小时车程便进入茶田镇塘坳村境内。

　　塘坳村西临铜仁市云长坪镇,东临麻阳县,距茶田镇政府约 27 公里,是该镇最偏远的一个村。塘坳村下辖塘坳、新地溪、

茶坪界、茶园山、桐乡溪、关机坑 6 个自然村，境内有雷洞界、茶坪界两座国有林场，一个风景如画的九重岩省级自然保护区。

九重岩省级自然保护区，成立于 2005 年，主要位于凤凰县茶田镇，东西长约 11.2 公里，南北长约 14.3 公里，总面积达 85 平方公里，是以保护中低海拔原生态动植物环境为目的而成立的保护区。区域内野生动植物众多，如水杉、珙桐、云豹、穿山甲等。峡谷纵横，悬泉飞瀑，鸟语花香，山峦叠嶂，风光旖旎，美不甚收，是旅行观光、探险的极佳去处，旅游资源十分丰富，正待开发。目前，千云公路（千工坪—云场坪）正在施工建设中。

保护区内主要景点有：九重岩群峰、茶坪界古寨及林场、老秧田古寨和猿啼岩、关机山古寨及峡谷、雷洞界林场、大岩山及麻子坳水库、葫芦井及大岩溪峡谷、茶叶山及桐乡溪古寨等。

九重岩坐落于湖南省凤凰县南端的群山之中，因山分九层，每层皆是高数十米的绝壁，故名九重岩。是湖南省九重岩自然保护区的主峰，海拔910米。其中北坡相对高度400多米，南坡垂直落差近700米，是凤凰县最险峻的山峰之一。

九重岩下临锦江，与贵州省观音山、六龙山、笔架山隔江相望，夹山对峙，形成了长达三十余里，一般深度300—600米的锦江大峡谷。沿江风光旖旎，山势挺拔，竹山林海，悬泉飞瀑，别有洞天。原始朴素的土家山寨，民风淳朴，极为神秘，就像洒落在深山老林中的宝珠，等待人们去观赏。

通村水泥公路蜿蜒曲折，像一条银色的彩带缠绕在崇山峻岭之间，青翠的竹海，多姿多彩的峰峦树林，令人目不暇接，山间云雾弥漫，层层叠叠的山峰，高峻挺拔，时隐时现，路上飘落的树叶在车轮下发出吱吱的声响，如诗如画的土家山寨就隐藏在画山秀水之间。

我们首先来到塘坳村最大的一个自然寨——新地溪古寨，它坐落在新地溪峡谷北岸，是塘坳村村部所在地，约百来户人家，一幢幢青瓦木屋错落有致，四周是巍峨的高山，一条清亮的小溪蜿蜒向东流去，汇入麻阳锦江，寨子后山乳白色的悬崖峭壁上有一神秘的观音洞，山顶有一巨石形似"观音拜佛"，颇具传奇色彩。

寨子东头生长着一棵高大枝繁叶茂的古闽楠，树高数丈，树身大约要三人才能合抱，是湖南省最大的一棵古闽楠。树腰有一个脚盆大树洞，据说是被火烧成的。村里的小孩子爱到那里面钻来钻去玩耍。这棵古闽楠经历了一场特大火灾的考验，却能完好地保存下来，表现出顽强的生命力。它见证了塘坳的沧海桑田。

1972年新地溪发生了一场罕见的火灾，八十多户民居古木屋、粮食及农具化为灰烬。在党和政府的关怀及全县人民的支援下，村民们很快重建家园，恢复生产。令人遗憾的是当年人们的环保意识薄弱，村子周围的许多百年古柏树、枫树、楠木树等，被用作了建房、制造农具的材料，遭到毁灭性的砍伐，造成了无法弥补的环境破坏。

我们从新地溪驱车继续沿盘山公路蜿蜒而上，不一会儿功夫便来到半山腰里的塘坳古寨，它隐藏在丛林之中，展现出自然独特的美丽，这里全是古香古色的木板青瓦房，寨前有一口不大的池塘，如今充满淤泥，水变得很浅，水源来自一眼古井。寨子的前后及西边是密密层层的古枫、古银杏林，从远处看就像一片火红的云霞，笼罩着寨子，风景宛如仙境一般，仿佛走进了杜牧"停车坐爱枫林晚，霜叶红于二月花"的美妙意境。

塘坳村不但山清水秀，风景迷人，而且地灵人杰，人才辈出，中华人民共和国成立后这里走出了一大批青年才俊，分布在湘黔两省、上海等地工作。据了解湘西州第一个联合国"维和警察"，第四届湘西州十大杰出青年蒋学旺，就是塘坳人，他于2011年6月赴非洲利比里亚参加联合国维和行动，被授予联合国和平勋章；2008年作为湘西州政法系统唯一代表参加北京奥运会安保工作，荣获奥运安保先进个人荣誉称号，被省公安厅记个人二等功。

这里民风淳朴，村民热情好客。在知识青年"上山下乡"的年代，村民们对来自城里的知识青年，在生产、生活上给予特别照顾，逢年过节，村民会把自家的土特产，如水果、粑粑、腊肉等，赠给知青分享。后来回城工作的知青没有忘记这里村民的友情，为他们筹资修建了一条云场坪至塘坳的沙石通村公路，以回报塘坳乡亲们的恩情。这是茶田镇修建的较早的一条村级公路。

车子穿行在寨子后面的水泥路上，两旁的落叶密密麻麻，落叶遍地，真有点像那幅叫"黄金满地"十字绣的韵味。我们进入古寨却感觉冷冷清清，很多庭院户门紧闭，杂草丛生，虽然是星期天，却看不到一个小孩的身影。许多房子东倒西歪，已成危房。我们在寨子里拍了几张木板房的照片，只看见一个中年妇女和两个八十多岁的老太。一个老太在洗衣服，据了解她的儿子孙子都外出打工去了，她独自一人留守在家。见我们在拍她洗衣服的照片，便带我去看她的住处。这是一栋常见的三间木板民房，堂屋右侧的"排扇方"已经断裂，左侧的山墙系土筑的已严重倾斜，实属危房。老太说没地方睡，没有办法只好守着老屋，希望我们能向上面反映一下情况，早日解决实际困难。据了解，该村属边远贫困山区，由于地质不良，种植业不发达，收入主要靠外出打工挣钱，全村还有 300 多户人过着贫困的生活。

随着城市扩张和工业发展突飞猛进，村里大批农民入城务工，人员与劳动力向城镇大量转移，人们或向铜仁市或向凤凰城及周边城镇迁移，致使村落的生产生活瓦解，空巢化严重。部分村落已经出现了人去村空——从"空巢"到"弃巢"的现象。著名作家冯骥才说，"传统村落中蕴藏着丰富的历史信息和文化景观，是中国农耕文明留下的最大遗产。保护中国传统村落已经迫在眉睫。"

传统村落的消亡近几年日益加剧，从塘坳古寨可见一斑。可喜的是传统村落整体身陷的困局在 2012 年有了重大转机。从这一年开始，国家住建部、文化部、国家文物局、财政部等部门启动中国传统村落摸底调查和保护工作，目前已公布了四批中国传统村落名录，总数达到 4000 多个。塘坳村已于 2016年被国家住建部列入第四批中国传统村落名录，将成为国家保护的重点，纳入中央财政支持。可以相信，这些散落深山的传统村落的民居建筑和农耕文化，将得到保护和传承及旅游开发，成为人们记住乡思、记住乡愁、记住乡恋的精神家园。昔日隐藏于深山、养在深闺人未识的"小家碧玉"即将焕发青春迷人的魅力。

告别塘坳古寨，我们继续向上沿盘山公路向茶坪界古寨和林场前进，登上茶坪界古寨，你会自然联想起"远上寒山石径斜，白云深处有人家"诗句描绘的诗情画意，有种"一览众山小"的感觉。眺望新地溪峡谷烟笼雾绕，对面的"观音岩"仿佛腾云驾雾一般，自己仿佛置身仙境，超凡脱俗，忘却了一切人世烦恼，只想把迷人的景色拍个够，相机、手机轮番上阵，要把这里的美景带回家，分享给身边的亲朋好友欣赏。

游览了茶坪界古寨，已是下午时分。由于前往九重岩群峰观光道路未通，只有羊肠小道，荆棘丛生，十分难行，我们只好放弃，相约来年春暖花开季节，再登九重岩。吃过点心，我们有点遗憾地踏上了归程。

挥手告别塘坳古寨，一路思绪难平，沉浸在原生态的诗情画意之中，吟诗一首以做纪念：

游塘坳古村落有感

走玩塘坳曲径幽，云雾升腾竹海稠。

银杏红枫村口立，木楼青瓦画中游。

土家古寨俊彦多，塘坳界上清泉流。

雷洞界林深似海，九重岩峰险如钩。

儿子离家打工去，翁妪守土空巢留。

农耕文化数千载，传统村落忆乡愁。

来年春暖花开时，大岩山上再聚首。

大 塘

唐永琼

　　木叶吹响，苗山阿哥的视界就像蜡烛山的故事一样绵长；山歌唱起，苗山阿妹的眼睛就像村前大塘里的水一样清澈明亮。

　　大塘，湘西凤凰东北角的一个村庄，一个土家族、苗族、汉族、回族居住的地方，一个藏在深山里的古村落，一个民风淳朴的古苗寨。

　　这里阿哥的性格像蜡烛山一样的坚毅，这里的阿嫂像大塘里的水一样的善良柔情，这里的山歌是苗山阿公犁耙下快乐翻滚的泥土气息，这里的山歌是阿婆背篓里苗家娃娃咿咿呀呀的笑语。从昨天到今天，从远古到现在，从山里到山外，一直延续。

　　走进大塘，可以跟我一起走走石头小巷，感受一下大山里苗寨的古老与纯正朴实的民风，带你一起看看竹篱笆围起来的农家小院

秋季里悠闲惬意的时光，那挂在枝头上的金弹子、那院子渡来渡去的鸡群，还有那只在干枝上打着盹的猫咪。

关于大塘的故事，几分回味几分神秘，几分趣味中应该有苗山阿公敲打烟袋的声音、村头阿哥吹响的木叶歌，还有阿嫂在灶台上操起锅铲叮叮当当的响声，以及苗家娃娃在石头小巷撵趟子的笑语欢声……

大塘和大塘的故事应该有她独有的魅力。

听村里的一位叔叔说这里也叫鬼塘，据说在很久以前，这里山上森林里闹野猫而且成患，最让村民们感到恼火的是，它们经常出没村子里偷吃鸡鸭，而且这些野猫动作之快，连猎狗也不能及，村子里不是这家的鸡丢了，就是那家的鸭子不见了，设置陷阱、捕猎都无济于事，因为野猫繁衍得很快。正当村民发愁的时候，村里有一个青年男子抓到了一只野猫，有人说要把野猫囚在笼里挂在村头的那棵大树上以警示山上其他野猫，还有的说干脆把捉到的这只野猫打死悬吊村头树上吓唬山上的野猫，这时有个年长的阿公叫村里的青年男子在村前挖一个很大的凼凼，就像村里的窖姜、窖红薯的窖眼一样，口小凼深，并用一口大铁锅罩住洞口，就这样这只野猫被关在挖好的凼凼里，当盖上大铁锅的时候只见阿公两只手在空中比划着、嘴里还念叨着什么，或许阿公那些手势和嘴里念叨的花嘛语是祈祷，是祝福，或许就是我们苗疆大山里的巫傩文化的诠释。

说来也怪，大山里本来久旱未雨，那天晚上竟然下起滂沱大雨，雷电交加，森林里野猫嚎叫，风声怪异，就这样持续了一个晚上。

到了第二天，村民清早起来一看，这究竟是怎么回事呢？阿公叫青年男子挖的那个凼凼不见了，村前竟然出现一口大塘，清冽冽的塘水把对面森林里的野猫和村子相隔开来，早起的村民们格外的兴奋，欢呼的欢呼，跳的跳，因为从此再不会有野猫偷吃他们的鸡鸭，最可喜的是村前有一口大塘里不愁缺水，至于那个叫挖凼凼的阿公村民竟然没有人认识他，有人说他是守护村里的巫神，也有人说他是保佑苗疆平安幸福的山神，总而言之这是流传至今的秘密，就像大山里苗族人所说的"混"一样，神奇、神秘，或许就是我们苗疆流传下来的"巫"。

大塘、鬼塘，在我们现今生活中，我觉得就是一种苗疆大山里不屈的精神，是生活在大山里的民族一种别样的人生。

这里的风景不一样，这里的蜡烛山就有许多让人惊叹不已的回想。

高耸入云的蜡烛山啊，我不知道它曾见证过大山里什么样的过往，或悲或喜、春冬四季的变换，站在蜡烛山前你一定能领悟、读懂一座山峰的故事和岁月留在峰顶的影子，也能想象出当年飞机天星山坠落十万银圆的情形。官兵们地毯式的寻找丢失的银圆，吓得村民们谁也不在家住着，当年生活在这儿的村民因为见证了兵荒马乱的时代，看见这种情况，心里极度恐惧，整个村子的村民扶老携幼逃进后山上的蜡烛洞，听村里的老人说这蜡烛洞里还真的是别有洞天，洞里面冬暖夏凉，干燥不潮湿，更有趣的是这蜡烛洞还分为几层，给当时的村民们提供了一个可以居住躲难的场所。这蜡烛洞隐蔽不容易发现，而且进洞的路线特别险峻陡峭，一不留神就会掉下山崖尸骨难找，所以当时村民们在这儿就可以安全地躲过战乱的灾难，在洞里过着不为人知的世外生活，在洞里打起灶台，锅里煮着红薯野菜，睡觉的地方铺上干草垫上土麻布，白天可以在洞里听风声、雨声和鸟叫，晚上躺在洞里可以望着洞外看月亮数星星。

生活虽然艰苦，可是村民心里总点燃着希望，他们相信苦难一定会过去，就如同相信黑夜过后一定是白天一样。

蜡烛洞，蜡烛山，这里的地势非常险要，这样说吧，如果你戴着一顶帽子从谷底往上看去，那你的帽子一定会掉在身后，蜡烛山几乎是一座直立而上生成的孤峰，若非本地人是不可能找到进入蜡烛洞的入口的。听当地的一个叔叔说过这么一件事情，即当飞机掉银圆时，有个当兵的因为在执行任务休息的时候，一不小心把背上的铺盖放下时掉下了悬崖，没想到悬崖下有一个阿嫂正背着背篓在往上爬，这从天而降的一床铺盖正落入阿嫂背后的背篓里，由于高空重力的影响，竟然使阿嫂从悬崖上掉入谷底，连尸体都找不着。有的老人说阿嫂升仙了，有的老人说是山上野猫精把阿嫂掠走了。不管怎么说，苗疆大山很奇特，当然这里的故事也很奇特，站在蜡烛山前，我觉得蜡烛山除了高不可攀同时还有很多神秘面纱等待我们去了解、去关注，就像我想读懂这大塘村一样。

或许是出于自己对大塘村的那些神奇故事的好奇，或许是自己一直以来的性格，就像小时候阿婆说的那句话一样：我家冬冬就是喜欢打破砂罐问到底的野丫头，心中许多疑问总想弄个明白，比如这里的水塘为什么一年四季总是满满的，鬼塘到底还有多少不被人们知道的离奇古怪故事，也许，苗疆大山里人们所说的鬼并不是鬼，而是一种力量、一种信仰、一种从古至今的苗家文化。

大塘村离吉信镇没有多远，小时候就听阿婆说吉信镇叫做得胜营，五里一营，十里一堡，还听说过吴八月发起乾嘉苗民起义的故事，在狼烟烽火里宁死不屈的将领，那些骁勇善战的士兵，都写着我们大山里苗族人的品格、骨气，就像村后的蜡烛山一样，坚挺直入云端，正气浩然是我们整个中华民族的精髓。

在乾嘉苗民起义后，清政府把村里投诚的苗兵命名为"大塘苗兵"，成为一个番号，总部就设在现在的鬼塘，以后入伍的苗兵一律作为大塘苗兵的一部分，并且列入朝廷军队预算。

当时大臣福安康虚报大塘苗兵有 5 万人，并由朝廷拨款白银 30 万两以作军饷，然后把拨款下来的白银与几个统领私分，直到福安康死后，官员们都不敢公开这个真相，只是官员们拿钱心虚，只好报告朝廷说大塘苗兵撤员，直至十几年后才慢慢撤员到 5000 苗兵，也才将这桩天大的军费虚领案大事化小小事化无。再后来清朝廷还把明万历年间修的苗疆边墙拆移到得胜营以退还苗民良田千顷，让所有的苗民安心种庄稼、养牛羊、喂鸡鸭、喂猪、喂狗，从此安居乐业。

而今，我站在大塘边心里想着大塘、鬼塘、蜡烛山、蜡烛洞、得胜营还有苗疆边墙，那些存在我们脑海里点点滴滴的过去，将让我们更加珍惜来之不易的现在，这种精神将一直传承下去。

火炉坪

张寒烟

　　这里其实是个充满宗教意味的地方。

　　在"大跃进"炼钢建铁火炉之前,这里明朝时期称"火略堂",
清朝及民国后称"火略坪",而苗语称为"合鼓坪",即"椎
牛合鼓"之地,是神秘湘西武山苗族椎牛合鼓的圣地,同时也
构成了湘西凤凰独特的历史文化遗产。1958年"大跃进"时,
因坪中建炼铁炉,故"火略坪"改为"火炉坪",隶属大田公

社。1984年成立火炉坪乡。但它实在太小了，小得只有三百余户，一千多人，作为云贵高原东端的腊尔山台地余脉及武陵山脉西南交汇之地，在茫茫苍苍的峰峦和幽邃沟壑中，它实在是门可罗雀，不足为道。2005年，乡被撤销，火炉坪又退回到属于自己的村级，归吉信镇管辖。2016年12月，火炉坪村被列入第四批中国传统村落名录，以合鼓坪为中心的合鼓坪苗寨、江山坨苗寨和黄腊坨苗寨成了人们关注的重点。2020年，火炉坪村和岩口村合并成新的火炉坪村，共有7个自然寨，382户，1464人。

火炉坪距凤凰县城北去35公里，地处吉信镇与禾库镇的中间地带，平均海拔700米，古为泸溪、麻阳县等入永绥、贵州松桃，进渝入川的官道，地理位置重要。山川地貌皆奇特险峻，东西两边为峡谷，东、南、西三面沟壑绝壁。现在吉禾公路南北贯穿，沿村盘山而过，仍为交通要道。历来为周边苗族群众集聚之地，曾经人流如潮。坪内酒馆旅店、各种商铺林立，有染坊，酒坊等，是调年集会，舞狮跳鼓的风水宝地。

曾经的繁华也给这里留下了众多的苗族历史遗迹及深厚的文化底蕴。火炉坪中心，是周边苗族群众开展"椎牛合鼓"的地方，各种遗址及其物化形象保存完好。坪中有合鼓坡，东北是合鼓堂遗址。西有吹号山，北有鸣锣山，南有雷公山；坪东是辛女峰辛女溪辛女树，对面为盘瓠山、盘瓠坳和盘瓠树，盘瓠树为千年古银杏，遮天蔽日，遮阴了半个村寨。东南为祖公岩山，山有祖公岩即蚩尤岩，孤岩耸立，形似老翁远眺，岩上极目，合鼓坪风光尽收眼底。

坪东北的龙凤庵遗址，此山原为覲兜山石城，是祭祀保家鬼的地方。此山原为五指石山，孤峰独耸，四周皆悬崖峭壁，本地苗民就开山劈岩，筑为石城，五道石门盘山而上，最后一道石级陡如天梯，每一层皆筑石垛枪孔，易守难攻。石城明朝为官兵所占，成为围攻苗民起义的前沿指挥所。后被用作庙宇，多次被毁。1924年，重修为龙凤庵，香火旺盛，山下四周茅舍林立，附近百姓云集躲匪，一方平安，得以延续。1949年后"破四旧"，此庙彻底被毁，只留下残垣断壁。

火炉坪属于湘西世界地质公园范围遗产，国家地质公园的核心地带，山川险峻，群山环绕，古木参天，景色秀美。坪的四周则是奇、峻、幽、险的天然美景。西北是万溶江峡谷，东北为三门洞峡谷，两峡谷溪水皆发源于古战场天星山地区。峡谷内溪水晶莹清澈，两边树绿草青，密林交枝。两岸悬崖千奇百怪，虎踞龙盘，或玉峰直指，或双峰窃语。有的悬崖面如刀削，皆为洁白石崖，崖顶杂树虬枝倒挂，如飞龙饮涧。峡谷内鹰盘隼旋，声声揪心；猴攀猿爬，幕幕精彩。两岸飞瀑竞相倒挂，特征各异，或高空跌落，或半崖飞撒，真是"峭壁嵯峨挂落晖，水晶帘卷雨霏微，双流漱玉岩边生，尺练横空树抄飞"。

三门洞峡谷蜿蜒蛇行，时宽时窄。有名的"天下第一跨"，又名一脚跨两山，两边悬崖相隔不到两米，下为深绿涧潭，阴风直窜，令人胆战心惊，真是"地拨双崖起，天余一线青"。峡谷内深潭奇洞，不胜枚举，著名的三门洞，迄今无人通底。中洞流水汹涌，左洞阴风不断，右洞奇声萦绕。"流水潺潺，涧内声声鸣玉珮；飞泉瀑布，洞中隐隐奏瑶琴。""非必丝与竹，山水有青音。"偶临此地，不信尚在人间。

但如此美丽的地方，在明清时期，却是湘西苗疆东南的缓冲带，被称为历次苗民起义的前沿阵地，无数次见证了波诡云谲的历史硝烟。明代"弯环曲绕，绕山翻水"的南方长城，就是由铜仁亭子关经渡头坑、毛都塘、两头羊、红崖井、腊尔关、火略坪（即火炉坪）、毛古屯、大田、泡水、镇溪所至喜鹊营的。南方长城利用了高崖峡谷的天险，构筑了狭峪险隘，所设立的关卡要道，横穿火炉坪全境。如今，长城遗址融入自然奇美的风光里，历史和现代、古往和今来、残缺和完美，达成了协调的统一，毕竟，社会总是向着文明迈步。

火炉坪还是省级两头羊自然保护区的中心地带，动植物资源十分丰富，有大面积的原始次森林，生态环境十分优美，植被分布明显，动植物种类繁多，野生动植物资源丰富。有国家一级保护的云豹白颈长尾等，二级保护的猕猴穿山甲 26 种，有"能入水登山的娃娃鱼"。有被列入"中国植被红皮书"的珍稀渐危植物银杏红豆杉等 4 种。这些无疑构成了珍贵野生动植物的基因库，是开展生物研究的理想地，是天然的氧吧。

作为一个纯苗族村，火炉坪民风淳朴，民族风情浓郁。最有特色的首推江山坨苗寨，布局整齐，整个寨子依山而建，石板路逐级而上，周围古树参天，绿树成荫，黄墙黛瓦，错落有致，寨四周各有四个巨石砌成的寨门遗址，威武雄浑。椎牛合鼓之时，此地舞狮跳鼓盛行，沿袭古"跳月"之风的"边边场"别有情调，非遗传承项目传承完好，苗族绣花织布，草编竹编，巫傩文化，苗族医药等得到传承创新，实属苗族传统寨落生活保护的典范。

　　走进火炉坪村，总有一种感觉令人历久弥新，仿佛进入丰富的自然资源和历史文化资源活化石的博物馆，它是苗族历史传统文化的重要载体，是当地人不可或缺的精神家园。它的存在，自有其存在的意义；它的存在，更有其存在的价值，犹如一颗明珠，当时代的春风将蒙尘吹拂，它便熠熠生辉，展现出那古老而年轻的魅力。

行走在流云之上的苗寨——关田山

田松平

湘西，我不止一次行走在这片充满神性和原始性的土地上，对于这片土地，我更愿意把它称做高原上的丘陵。

事实上，我出生在贵州松桃的瓦窑乡，瓦窑与湘西凤凰腊尔山地域隔着的不过一个田埂的距离，山同脉，水同源。我似乎总也划分不清，哪里是我贵州松桃的寨子，哪里又是湖南凤凰的苗寨。这些村寨的建筑风格，透着江南的风韵和徽派建筑的特点，有着相同的很浓厚的地域性特色。唯一有着本质区分的，是行政结构的划分。

我从小就在这片土地上成长，它的土壤和气候滋养了我，而我的个性和生活的习惯也离不开这片土地。在我小的时候，每逢过年，我的族人都会在村口或者主要交通要道摆上苗家花鼓和香甜的米酒来迎接客人。那些悠扬动听的山歌远远的从心底唱出来，感动山川天地。客人接过苗家姑娘手里递过来的酒，此刻，不论你是喝得酒的人，还是喝不得酒的人，醉在你心头的已非她手中的酒，而是她小鸟般的歌声如云一样飘逸，又似坚强如生命般的鼓舞。

接过酒的赶街路人和商客贵人，在听过苗家山歌和欣赏完苗家鼓舞后，有的便情不自禁心甘情愿从自家的腰包里掏出些钱财作为给表演的苗家人的一点心意。虽然钱不多，但在那个物质匮乏的年代，这却是极大的帮助。

村里人通过这种方式，把积来的钱财都拿来用于村里的建设：修路、架桥、开井，或用来开展体现当地民风民俗的一些文化活动。

我不停地穿行在这片土地上，每一个寨子，每一个村落，都是我没有漏掉的风景，而一不小心，我便过了瓦窑边界，走到了凤凰的凉灯，走到了扪岱、米坨等，甚至走到了离凤凰古城18公里的关田山苗寨。

记得到关田山苗寨正值初夏，下过一场细雨，地上湿湿的，天微凉。和其他许多地方的苗寨一样，这个苗寨依山而建，错落有致，周围嘉树成荫，鸟雀啁啾。很难得的是，在一个山弯，非常完整地保留着原始建筑风貌。房屋地基大部分都是用较长的、宽厚的青石材料做的，室内的框架用的全是木头，在木头底部，每根柱头都垫有一块方正的石墩，石墩的作用，不光是可以保护木头不腐朽，还可以固定房屋整体结构的平衡。房屋的外围，都是用泥巴砌成的土墙，不仅防火，还可以在季节中调节气候，住在这样的房屋里，冬天不会觉得冷，夏天也不会觉得热。村庄的每条巷道都是互通的，像八卦的布局一样，巷道主要是从山里开采的石头铺路成的，虽然它的表面从视觉的感知中有些凸凹，但是与过道的石墙相结合，却又变得相得益彰，整体的和谐性中又呈现出每个石头、每块石板的独有的个性。这是祖先的智慧。

寨子前面，是一垄一垄的良田，高坡上的苗寨，相对土地比较贫瘠，所以族人对土地的热爱是相同的，不论是一倾良田，还是贫瘠的山梁里的坡地，都会在不同季节，展现出各自的美丽，孕育出不同的稻粱果实。特别是在金秋收获的季节，金黄的稻田层层叠叠，弯如半月，走在山梁的脊背上，那形同流云上的梯田，仿佛走进天国的阶梯，那些耀眼的金黄，让大地显得更加空旷悠远。

在田地间，一些等待插秧的水田跳动着一些微澜。因为高山苗寨，田地里经常会因为缺水而干枯，隆冬时节，苗族人便会把田蓄满水，等到插秧的季节，就在自家的田头养一些稻花鱼，等到稻子成熟，田头又多了一份收获的喜悦。稻花鱼吃着稻花长大，肉肥味美，在苗家都是很有地域性特色的一道菜，

而且吃法多样，不同的吃法有不同的口感和韵味。

在苗寨里，似乎一切具有特色的美食，都离不开这些田亩的自给自足：播种的糯谷打成过年的糍粑；栽种的红薯玉米喂养过年宰杀的年猪，制成腊肉；就连田埂长出的蒿菜野葱，亦可制成鲜香无比的社饭。

在一户苗家的火塘上，依然吊挂着一块一块被熏成黑黄颜色的条状腊肉，体现着自家生活的殷实。这应该是隔年的腊肉了，却似乎仍然香气扑鼻。解开粽叶吊绳，把它从火塘上的架子中取下来，用火籽烧一下皮，洗干净切成肉片，在锅里轮回翻炒，加入葱、蒜苗、酸辣椒等，一道美食就成功了。清蒸腊肉也不错，吃起来不油腻，肉质非常柔软清香，而且骨头里的肉经开水清蒸后容易上口，容易脱落，如果再用酸辣椒调上一碗蘸水，入口的时候别提一番风味在心头了。这么想来，我几乎要流口水了，仿佛喝了苗家陈年的酸汤。

我不知为什么这里会取名关田山，既没有苗族语言中的韵律特点，也无汉语中通顺的词意。在村口，我曾问过一位懂药草的老人，他在自己简易的房屋前竖挂了一块写着村赤脚医生的牌子，应该算是村里有见识的人。但他也不知道，他说一直以来就叫这个名字。于是我也只能从简易的字面去理解，并找到有别于其他苗寨的不同之处。

还真是皇天不负有心人。我发现此村的路口或古井旁都长着一种名叫枫香的树，而且特别的多，一排排，一行行，并分割出了数条林荫小径。有两棵树特别大，几人方能怀抱，大概因为成长的岁久年深，人们还在上面挂了招牌，希望得到尊崇与重视。

对于枫香树，族人对它有着特殊的情感，这种感情来源于共同的血缘。传说自从苗族的先祖战败后，血流染红了土地，身上的枷锁桎梏丢弃于地，化作了枫树。族人看见枫树，就等于看见了自己的先祖，从而坚信自己的祖先从没有离开他们，坚信着自己的先祖一直在身边保佑着他们，从而认定自己的先祖还活着。

有人说，蚩尤逐鹿中原败了，但虽败犹胜。因为生活在这里，每一个村落都是外界所向往的桃花源，也是我们心底的那片桃源；因为在这里，天空俯视着大地，石头听得懂风的歌唱。

更因为我们的爱，对自然、对祖先，从未有过消减。

黄沙坪的古今传说

雪　宝　向　辉

　　黄沙坪是汉语里的叫法，其实该村在苗语里不叫黄沙坪，而是叫柳澳滚。　村西陡峭的石壁上生长着各种树，有椿、有檀、有黄栗，还有松、有山竹。树的根就紧紧地扎在只有稀薄层土下的岩石之间。壁下石缝中涌出一股清澈甘冽的泉，这泉四季长流，从不干枯，泉水哺育着在此世代生存的苗民们，也灌溉着村前一丘丘肥沃的稻田。

　　这泉苗语叫柳澳滚，意为鬼泉，这里并没有轻蔑、亵渎之意，而是对这泉表达一种惊叹、敬畏、感恩之情。这村子也依了这泉的名叫柳澳滚。　柳澳滚村坐北朝南，依山而建，整个村的房子都是以雕凿得很漂亮的细纹青石为基，墙体用黄泥碎石夯筑而成，上盖小青瓦，所有建房材料都是就近获得，全村几十栋房屋层层叠叠，错落有致。

　　历史上这里曾经是古城与鸭堡寨（禾库）之间的必经之地，千百年来这里的货物往来全靠人力肩挑背驮，这就催生了以出卖劳动力为生的挑担人，俗称脚夫。

　　传说有个脚夫，挑了一担油和大伙经过柳澳滚村地段时，在路上一块光亮的大石头上摔了一跤，一担油都洒在了地上。贫苦的脚夫平时都是吃了上顿没下顿的，这一跤跌的就像天要塌下来一样。脚夫不但拿不到这天脚钱，更得赔偿这担油的损失，一担油可值好几块大洋，脚夫哪有钱来赔偿，同伴们也没有钱来帮助这个遇难的兄弟，无可奈何。不巧的是这事很快就被城里的道台衙门知道了，而更不巧的是道台本人决定要管管这事，也不知是闲得发慌还是心生慈悲，道台马上叫人贴出告示，说是本官要到黄沙坪去断一个案，而受理的是脚夫与路边一块巨石的官司，这告示一出，马上轰动了古城及周围的十里八乡。大家纷纷议论这千古未闻的新鲜事。到了审案这天，平日宁静的山村里人山人海，道台叫人设了关卡，放置了一个

木箱，想要就近看审案的人都需投入几文钱，方可进入，不少人大老远跑来看稀罕热闹，来了也不在乎几文钱，就纷纷把铜钱投入木箱里。感觉人也来得差不多了，木箱里的钱也够了，道台就把惊堂木一拍，开始审案。其实这事也没有什么悬疑，道台听了脚夫的哭诉就宽慰了几句，再对着大石头对着天地自责了几句自己的不敬之处，就把这案子给了结了。围观的众人虽意犹未尽，也无可奈何。众人散去，道台把脚夫和东家叫到木箱边，取足东家的油钱，剩余的全部给了脚夫，这样一件事，以这样为结局。道台为自己做了这么一件大好事而开心，掸掸衣冠，捋捋胡须，打道回府。这就是流传在柳澳滚一带几百年的"巧断油"的传说，古代也不缺为民办事的好官，但他只帮了一人一事一时。时间到了 21 世纪，春风吹拂着神州的每一块大地，柳澳滚村选出了自己的新村长，吴先和，这个纯朴壮实的苗家汉子，在柳澳滚村出生长大，他炽爱着自己的家乡，在各级政府的支持鼓励下，处处为全村着想，县里拨付的修路费一分都不挪为它用，不偷工减料，把道路修得漂亮又牢固。前几年村里开始鼓励村民们种植果树，出产的安哥诺李色彩鲜艳、个大、味美，已小有名气。吴先和还利用自己学到的嫁接技术，经过多年的实践摸索，培植出了一种优质的黄桃树，这桃树耐旱，抗病力强，产量高，果实肉厚核小。还有就是错开传统的桃子成熟期，到十月才成熟，这就是"先和一号"。目前柳澳滚村已种植了二百多亩地的优质桃、李，并将在今后几年扩展到二千亩的种植面积。那时，全村所有的荒山荒地都将种上果树，初春花开时节，满目的桃红李白似人间仙境一般。

村支书带领全村二百多户一千多人靠种植这优质水果，勤劳致富。偏僻封闭的柳澳滚村因为这泉，因为这新时代，必将走向幸福的明天。今天的柳澳滚将是后人们心中的一个传说、一个传奇。

凤凰古村落——黄沙坪

吴柜贞

　　听说黄沙坪一直还保存着最原始的农耕文化，最古朴的苗家房子，想想姑姑在那里，姑奶奶也在那里，经不住乡愁的撩拨和情感的牵引，风尘仆仆往黄沙坪而去。

　　天气晴朗，阳光明媚，蓝蓝的天上漂浮着白云，重重叠叠的青山上满是高大挺拔的松树。风吹过，从车窗外传来阵阵悦耳的松涛，宛如一首古老的歌谣。车子不停地在山间的水泥路

上疾驰，司机不停地向我介绍，这七拐八弯的水泥路修得如何的艰难。为了这一方世外桃源般的天地打通与外面的方便之路，全村家家户户出劳力参与修路，这条路是全靠村民一铲一锄给挖出来的。

黄沙坪身处闭塞的大山腹地，无论是去吉信还是往千工坪都得翻山越岭。去千工坪得翻越寨子背后那座高耸入云、嵯峨的大山，爬到山顶的蘑菇塘再下到山脚香炉山，才能沿着吉信往山江的老国道来到千工坪；去吉信也要翻山越岭，到了三里湾或者杜洋，才能搭车前往吉信。生活在这闭塞的大山里，无论有什么样的货物都得一肩一肩往外挑。

勤劳的村民们不甘山高路远，环境闭塞，与天斗，与地斗，他们用自己坚毅的臂膀挑出了财富。20世纪80年代，吴官林兴修水利，鼓励农业，改革凤凰，创办了古湘烟厂，全县人民风风火火大搞烤烟。

姑爷爷和姑奶奶栽烤烟，再一肩一肩地把烤烟挑出大山去卖，就在那场变革中，姑爷爷家创下了万元户。姑爷爷虽然生在闭塞的大山里，可他有着一双独特的慧眼，还有一双勤劳的手，一颗善良的心！

90年代初，他来我家省亲，曾邀我爸准备在千工坪开一家棉花脱子坊。那个年代不但交通不便，国家贫困，物质供不应求，山里家家户户都自己种棉花，弹棉被，织布，织被单，织苗服苗帕……姑爷爷对父亲说："我出资金买机器，你出地盘，只要买回棉花脱子机，那棉花脱子的生意保准赚钱。"正当他们要去做的时候，姑爷爷家的女儿患重病住院，他女儿病好后，姑爷爷也病倒住院，家财倾尽，医治无效，与世长辞，姑爷爷和父亲的愿望就此画上了遗憾的句号。

这里的人不光姑爷爷一人勤劳，凡是身在这山里的人们都勤劳苦干。从司机的口中得知2006年，全村人齐心协力，人工一铲一锄打通了与外界的交通，就是这条弯弯曲曲、歪歪扭扭的水泥公路，一条让黄沙坪通向希望的路！司机是黄沙坪村的，得知我是村里的亲戚，特别的热情，一路上不停地跟我聊着。已经16年没来黄沙坪了，16年前，哥哥即将结婚的时候，我去姑姑家报信，请姑奶奶和姑姑全家按时日来喝喜酒。当年还没有修通公路，我从香炉山翻山越岭爬蘑菇塘，再下黄沙坪寨子背后那座高耸入云、嵯峨的大山而来。

和司机聊得兴致正浓，一拐弯就到了，映入眼帘的是一座座原始而又古朴的木架子，黄泥墙、灰瓦片的苗家房子。整个寨子像一颗璀璨的明珠那样镶嵌在巍峨的青山脚下，寨子背后和左侧是高耸入云的大山，村前小溪浅吟低唱，仿佛在唱着一首古老的歌。溪上还保存着有些年月的那座小石桥，看到这一熟悉的景象，我情不自禁地暗叹："这么多年，你一直都没变，还是那么的原始，还是那么的古朴，还是那么的年轻，是不是我若不来，你就一直等，不敢老去？"

得知姑父从外面打工回来，我先去见见姑父，陪姑父拉拉家常，再跟姑父一起去看看姑奶奶。姑奶奶是祖父的妹妹，应该有八十来岁，祖父已经作古27年，若是还在，今年有84岁。我随着姑父进门，姑奶奶不认识我了，十几年未见，早已忘记了我的模样，但她还记得我的名字，报上我的名字，她恍然如梦般记得我。她老人家很激动，是啊，这就是血脉相连的亲人，我和她的身上都流着吴姓家族的血液，打骨子里，血脉里亲，弥足珍贵的亲情。祖父有五姊妹，其余都已作古多年，就剩下姑奶奶一人健在，难得！

黄沙坪因为闭塞，所以小时候也很少来这里。小的时候爬不起山，走不起远路，大人们不愿带我们来。直到1993年深秋，奶奶来姑姑家退还棉被，带上我替她背被子，再后来就是2001年深秋请姑姑和姑奶奶两家来喝哥哥的喜酒，之后我漂泊打工嫁人，再也没有来过了，可我从来没有忘记那山里还有血脉相连的亲人。和姑父、姑奶奶拉了一阵家常，便窜进我梦萦魂牵、心心念念的苗家寨子溜达。

走在青石板的小巷里，看着木架子，青石板层层叠叠砌起的墙基，黄泥巴土砖堆垒成的墙壁，上面盖着灰黑的瓦片，这便是我小时候也住过、生活过的苗家房子。看着有些年月，满是风化后的泥土墙壁，我像穿越时空般回到童年的苗寨里，用手轻轻地抚摸着泥墙和青石墙基，心里充满着无法克制的深情眷恋。苗家房子通常是先起木架子，盖上灰瓦片暂时就可以住人了，墙则慢慢砌，有些人家急需居住，就直接筑泥墙。筑泥墙是用木板做成一个半米深，一头通的木槽，放在墙基上，装满湿泥土，用木锤把湿泥土锤紧，锤结实。为了防盗，常在土槽里夹杂着木头、木板、石头，在乱世里，这样的墙壁算得上铜墙铁壁。土砖就麻烦得多了，耗费的工时也多，不过土砖砌墙比较美观。做土砖得先做模具，尺寸宽 20 厘米，长 40 厘米，厚 10 厘米，准备好模具，秋收过后，从田里弄三分之二硬度的泥巴，装进模具里，抽掉模具土砖毛坯就成了。土砖毛坯做成，还得晒干，干了之后，还得对土砖加工修饰，用刀削去底部多余的部分，码起来，用薄膜盖住避免雨淋，如果有空的话就直接挑回家放干成黄色，才能砌墙，这样才结实。

由于人稠树少，为了保护生态环境，政府严格管制林木，修一座房子只能砍伐多少棵树，都得乡政府批准，有了砍伐证才能砍伐树木，没有砍伐证的属于滥砍滥伐，政府会追究责任。为了节约树木，而且泥土砖更经济，因此选择土砖或者筑泥墙。泥墙房子住起来冬暖夏凉，非常的舒服，这大概是因为土的密度原理吧！听姑父说，修一座黄泥墙、灰瓦片的房子，至少也得三年，主要是土砖难做，还得等晒干，遇上天气不好，土砖做也是白做，一场大雨就能毁个一干二净，让你哭也哭不出眼泪。

能住上黄泥墙的房子真不容易，每一座房子都是一场艰难的见证，见证着一个古朴而又勤劳的民族，见证着他们战天斗地的精神。

走进苗寨，你能感受到一个民族自强不息的精神，黄泥墙、灰瓦片的房子，一旦修好经常打理，不让漏雨，时常在家里烧火，熏上烟子，房子特别的耐用，不说几十年，还可以住几代人。以前我家的老房子，一共经历了五六代人，不知道是在第一代还是第二代人的手上发生过一次火灾，重建后一直到2008年。历尽沧桑，木架子全部腐朽，成了危房不得不推倒重建，拆掉前父亲请来摄影师拍照留念。

交通方便的地方，黄泥墙、灰瓦片的苗家房子逐渐被水泥砖房子所取代，黄泥墙、灰瓦片的房子消失了。然而黄沙坪这一方世外桃源，水还是那样青，天还是那样蓝，村庄还是那样的古朴，保存着完整的农耕文化。虽然闭塞，但这里有山有水，房舍俨然，阡陌交错，小桥流水，多美的天地。

黄沙坪不但风景秀丽，民风淳朴，还素有秀才村的美称。80年代末从这里走出两位大学生，近年来陆陆续续出了二十几位大学生。村寨侧面有一口常年流淌着汩汩清流的水井，这股清流养育了这一方土地，小溪从寨子的右侧环寨朝左流去，溪水在村前浅吟低唱，仿佛在唱着一首动人的歌谣。青山巍巍，嵯峨，哺育着多少人才走向社会，走向不同的岗位，为国效力！

我在苗寨里兜兜转转了一圈，再回到村前的小桥上，打量着这一座原始而又古朴的苗寨，看着环绕着的青山绿水，看着黄泥墙、灰瓦片的苗家房子，在湛蓝的天空下颜色是那样的协调，位置是那样的妥帖，就像一幅水墨丹青，钟灵毓秀的苗寨画卷。

啊！黄沙坪，一幅水墨丹青，钟灵毓秀的古老画卷！

护佑远祖的地方
——香炉山

刘　萧

　　这个取名香炉山的地方其实是一个村寨，而这个村寨却因寨后一座形似香炉的山而得名。因此，你可以把这里当作是一座山，或把此地当作一个寨。

　　很多时候，我莫名地想念这个寨子，带着淡淡的哀愁，或几许惆怅。即使没有来过，即使对过往的前尘往事一无所知。这个地方在我童年以后的生涯中被我一次次捕捉，想忘都忘不了。仿佛它是我今生要找的前世答案。

　　人们常会说及父母在人生尚有来处这句话，我母亲去世较早，生前，她告诉过我，她的母亲，即我的外婆，就曾生长在香炉山这个苗族人居住的地方。外婆姓吴，名妹叭。在苗寨，几乎所有的女孩都被称为妹叭，我不知外婆另有其名，还是就叫吴妹叭。外婆因姻缘离开了香炉山，似乎也远离了祖先的护佑，她死于若干年前的一场瘟疫，那时我母亲不过七八岁，舅舅更小。外公独自撑起了这个家，靠卖酱牛肉坨小本生意维持生活。记得以前曾读过黄永玉先生的一篇文章，记载了一个名叫包聋子的人，酱牛肉做得特别好吃，除苗乡赶集日，几乎每天挑一些牛肉坨在古城街巷行走叫卖，年幼的黄老就跟在后面伸小手到簸箕里抓吃，包大人也不骂他，假装没看见，任他偷吃。那个包聋子，便是我外祖父。

黄永玉先生成名后的晚年，在廻龙阁廻龙潭边修了房屋夺翠楼，与我舅舅做了邻居。他养了一条很大的名叫"扣肉"的狗，他不在凤凰时就托我舅妈照看喂养，那时窜门聊天，他也讲到他小时候的事及我外公的善良宽厚之处。难得黄老有这么好的记忆，我外公的形象正是从他的口中得来。

外公一家在凤凰古城周边游离生活，从通脑上到沱田，再到回龙阁。外公长得高大，善良仗义，但正是他的这一优点，让他身死异乡，魂兮不归。母亲曾告诉我，外婆死后两年，外祖父在一次去山江苗寨赶集回来的路上，碰到了土匪关羊。当时一行结伴同去赶集买卖的有几个人，在大家忐忑不安将刚刚赚来的一些碎银票如数交给土匪时，外祖父多了一句嘴。他对土匪说："都是盘儿养女的人，你们，也给他们屋里的婆娘伢崽留一口吧！"

这是一句很人性的话，没有任何威胁的成分。但第二个赶集日，外祖父照例挑着他的酱牛肉到山江赶集，再也没有回来。外祖父的朋友叫人去寻了许久，终是活不见人，死不见尸。山

江有一处地方名麻阳街，据说是土匪专门关羊绑票的地方，周围一带由于地质的原因，有很多无底天坑，称"万人坑"，埋骨无数。有人猜测外公被土匪杀害后扔进万人坑去了。历史往往都成一个谜，更何况一个人的生命。

失去父母的舅舅和我母亲，注定命运多舛，为了活下去，经人介绍，母亲以童养媳的身份来到了乡下父亲的家。那时她11岁。我爷爷在双江河上撑一条渡船，平时兼织网打渔，尚能糊口度日。

我的幼年时期是在我母亲的歌哭声中渡过的，我听不懂她的歌，但那忧伤呜咽的曲调常常让我无所适从。她总是在夜深人静当我们睡去了的时候唱，围着火塘将熄的草木火籽，手中补着烂衣或纳着鞋垫。她的声音像毛毛雨，很轻很轻湿湿地飘

着。我和我婆的睡床就在离火塘不远的地方，隔着一顶米汤糨过的麻布蓝色蚊帐，我看见她，她看不见我，她在帐外借歌而哭，却看不见我在帐内泪流满面。此时的母亲，仿佛既找不到来处，也不知道归途。

人的命运总是和他的身世相连，而母亲悲惨的命运在我们还没有长大成人之前从不肯透露一点，她展现出来的总是她坚强隐忍勤劳善良的一面，想是怕影响我们吧。她执着于让我们狠劲读书，有一次听她说，等我长大后，就把她的身世告诉我，让我写成一本书。但我渐渐长大，她却未老先逝，心愿未了。

90 年代初，凤凰依稀有了一些游客，舅舅家地理位置好，依山傍水，一截吊楼伸进沱江，为外人赞美，来自昆明的两位记者按照他们的见识和思维鼓捣舅舅家开客栈。一家人稍微修整了一下，开张迎客了。有一天，有两个头包丝帕穿对襟衣阔腿中长裤的苗族人走了进来。来人自称"老表"，老表把一封用粗糙黄裱纸包着的松子花糖恭恭敬敬地放到堂屋桌子上，说他们从香炉山那边苗寨过来，是外婆娘家那边的亲戚。那天舅舅不在家，舅妈看着他们带来的礼品，有些不明就里，也有些不屑，然后不合时宜地嘟哝了一句，话里意思是以前穷的时候都没有人来认亲戚，现在好起来了就来认亲戚了。舅妈说出这话当然很伤人，那俩老表坐一会就走了。之后，他们再也没有来过。

舅妈后来亲口把这事告诉了我，可能出于心里的内疚。

但从此，外婆的香炉山再也没有从我的脑海中抹去。我曾经很多次冲动，要去找寻母亲的来处——那也是我的来处吧。

现在，我终于来到这里了。

这个寨子地处千工坪镇，离古城凤凰不过34里。在来之前，我对香炉山做过相关的了解。有一种说法，明朝时，从贵州迁徙而至，因村后面有山酷似香炉，因山得名。另一说法是，有吴氏兄弟从沅陵迁移而来，临别时母亲各赠一香炉，数日行走后，见此地一山形似香炉，便视为归属。我以前去过黔东南凯里，那里有一座香炉山可谓名副其实，一条不容擦肩的石板小路犹如天梯，直达极顶，上面不仅天宽地阔，神似香炉，更是苗族人的精神家园。人们在那儿跳花跳月，谈情说爱，以繁衍子孙，延绵香火，也会到那儿拜祀天地神灵，祈求灾祛福来、风调雨顺、五谷丰登。对于一个民族，很容易受到外在的磨砺和变化，但内心的神和信仰是抹不掉的，那是祖先留下的胎记。所以，两种民间的说法都有可取之处。

春天已至，万物复苏，一切都那般明媚美好。我把车停在路边，出来时感觉太阳有些晃眼，其实应该是被眼前的景色迷离了吧。这是怎样的一个寨子啊，不高的山峦，嘉树成荫，翠竹蹁跹，怀抱一倾良田，纵横阡陌。夯土的建筑，黄墙青瓦，屋顶坡斜，结实的杉木房梁，构造成一栋栋烟熏火燎过的四合小院，或依山而建，错落有致；或平步散移，独立门户，建筑格局大都坐北朝南，东南侧为入口，挨着旁边的多为牛栏猪圈、鸡舍犬窝。主人是不会嫌其臭秽的，似乎牲畜也是家庭的一个组成成员。也看见有近几年用钢筋水泥陆陆续续建起的现代高楼，安装着和城里人一样的玻璃门窗，不锈钢大门气派而花哨，现代感十足。人类文明的进步总是以变化为标志，这个村寨也

不例外。

　　沿着一条蜿蜒的泥田小路，我们向村里走去。久雨刚晴，残留着陈年稻茬的田里漾着水，像在等着人去耕种，几只水鸭拱着头在觅食，搅乱了倒映的蓝天白云。田坎上开着玫红色的草籽花、黄色的油菜花以及蓝色的零星小花儿，牵爬着五月荫的藤蔓。风藤子的叶也绿了，铺陈于地，似孕育风藤籽。微风和煦，一溜拂来，带香气于村头。从村头到村尾，总有菜园，栽着大蒜和青菜，馥郁可人。有些菜园是原来就有的，那些还留着整齐划一青色或红色条石基础的，是主人早已离开，闲置的房屋腐朽倒塌，让人拾掇做了菜地，地角园边自然生长有李树、桃树、柚子树，甚至有棕树，应是原主人留下的吧。正是结籽的时节，棕树头上籽粒颗颗饱满，艳艳地黄着，像要等孩子来采摘，做攻击对方的子弹。

但很少有孩子的打闹声。村子里干净而安静，路也好走。新农村建设，到处是水泥硬化过的小巷道，有些道路能开进拖拉机。背弯或不太当道处，依然保留着古旧遗迹，不很规则的青石块镶嵌着，显现出原始的格调。村子里出现的人不多，我陷入了某种沉思，不知道这里是否真有我的亲戚，也不知道这里是否曾有过我外婆童年的身影？如果人的灵魂能回到故乡，那外婆是否已看到了我？

在一幢土墙屋前，隔着一畦菜地，一个中年苗族男人蹲着，他穿一蓝色布衣，对襟布扣，露出小面积的胸膛。手臂和手指修长，攥着一个橘子。

"在屋啊？"我向他打招呼。

"是啊，来这里玩呐！"他笑着回答。

看着他笑，我突然感到很亲切。他长着一张很平实的脸，肤色带黄，眉毛较淡，眼睛黑灰，鼻梁略高，嘴唇干燥，似乎看不出有任何令人深刻的地方。我跟他拉起了家常，问他吃早饭了没有，问他的家人孩子，问他的生产生活。他仍笑笑的，耐心回答，只有这一刻，你才会记住他的好，他的模样随着笑容进入你的脑中。他还告诉我他的儿子三十多岁了，还未结婚，在外打工。

我最后问了问他的姓氏，问他是不是姓吴。

"就是姓吴。"他告诉我。

那一刻我有点暗喜，因为印证了我的猜测。

我告诉他，我外婆也是这里的，叫吴妹叭。

他想了一会儿，很陌生的感觉。但很快他的表情更加柔和起来，并把手里的那个橘子举起要给我吃。我说谢谢了，我不吃。但他仍举着等待，一定要我拿着。这样，我只好穿过菜园，颠起脚接了过来。橘子很甜，我一边吃，一边继续问他村子有没有百岁老人，或许知道我外婆及后代的事。他说这里没有，并说香炉山有五大组，近两百户差不多一千人，有姓吴的，还有姓龙的族人。

我虽然有些怅然，但并不失落，因为我来此的目的，不过感受其间的民俗美景，感受这里干净的土地、太阳和微风、蓝天和白云。

由于千工坪镇书记的关照，我们去见了村支书。

村支书明显是先富裕起来的那部分人，建了小洋楼，门前院坝宽阔，还建了车库，一辆黑色小轿车正趴在车库里待命呢。大门没关，我们直接进到支书屋里，是空的，没人。我们大声喊起支书来。一会，一个不胖不瘦不高不矮的四十来岁的男人从邻居家走了出来，他手里端着一大碗饭，正边走边吃来着。我注意到，他的碗里覆盖着四五只用新鲜青辣椒红辣椒炒出的本地稻花鱼，馋死个人。

"吃饭了吗，吃点！"支书客套地说，继续吃碗中的饭。

"吃了。"我们也客套地说。

与支书的聊天也在一顿饭的时间，但他给我们传达的信息是很直接的，关于村域的 85 公倾面积、852 人口、664 亩稻田及 340 亩旱地；关于村容村貌、风景名胜、风物民情，等等。

他说话简洁干脆，没有拖泥带水，而且总是我们问什么他答什么，没有一点想要借势发挥的样子。这一点与别的汉族地区的村干部不同，别的干部往往会极力推销自己村的种种优势和好处，对一些哪怕毫无特点的景致如数家珍。

但也足够了。借着支书的指点，我们行走了周围一些代表性的地方。温润宜人的气候，造就了优美迷人的环境，武陵山脉地势高低阶梯一样的走向及喀斯特地貌，又造就了大自然的鬼斧神工。天坑是其独有的特色，离村不远，就可见三大溶洞天坑，当地人称"三龙洞"，洞内峡谷深壑，水流潺潺，坑中有洞，洞中有峰，石立千仞，玄机暗生。我害怕这样的地方，那是人类无法解开的谜底，聚拢了尘世万物沉底的阴魂；但又爱它的古老。它的确是古老的，古老到没有年轮，古老到连村旁那棵八百年的白凉树，在它面前也不能说天长地久。

我在那棵白凉树下呆立，树叶隐隐，树干苍遒，阴阳相罩，我感到如此舒服，就像怀抱于神的怀中。

不知世间到底有无神灵，有人说你信则有，不信则无。在科学否定之后，我们总是小心翼翼地藏于心中，你信也好，不信也罢。在这里，我们总是对自然倾心崇拜，灵性高的动物，年代久远的植物，特别凉的井水，光辉的日月星辰以及形状奇特的岩石等。也基于万物有灵的观念，这里的苗族人还给一些石头取了神形兼备的名字，在山上，我们见到的有"七仙池"石、"千年神号"石、"香炉石"等，其中那香炉石，还分一公一母呢，从这些似是而非的寓意里，应该包含了很多吉祥美好的祈愿吧！

但我始终少了一种感觉，那就是找不到和"香炉山"的某种联系。

　　太阳西斜，几只鸟在树上啾啾，从鸟窝扑飞而去，弄落几片枯叶，撒在褐色的松土上。小路如落叶的眠床，松软，走在上面，发出噗呲噗呲的声响。小路两旁，长着一些杂木，藤条缠绕，还有一些矮小的灌木、荒弃的茶树，草本的蕨类也顺势成长，我们禁不住采摘起来。茶泡和蕨用开水撩过，除却多余水分，和野葱一起炒，都是美味的山珍，这引发了我们的饥饿感。

看看天空，一片晴色，却有沉雾飘渺，那是来自山下那个村子的晚炊烟火。

遁着炊烟的源头，我们走进了香炉山的另一个寨子。寨子较为平坦，天高云淡，一切都显得温暖，出出进进的几条石板路迤逦着，寂静无声，偶尔见一堆新鲜的牛粪，牛的气味仍在弥漫。有几只鸡在路边青草丛里刨虫子，即使我们的进入也未打断它们的专注。跟其他很多苗寨的建筑一样，黄墙青瓦是其主色，屋基也是青光石，但这个地方似乎更注重屋基的铸造，

皆选用长条方体的青石，厚重得体，美观踏实。对于条石上花纹的选择与镌刻，也经过了慎重的选择和审美，有古老象征意义的图案，有整齐划一的斜纹布局，还有更讲究的人家，在已经至臻完美的长方体石基周围，又以几厘米的细条石框了一个精致的边沿。

村里的道路太多，我们沿着一条较通达宽敞的路行走。我们见到的人实在是少，门前冷落，门或关或开，依稀看见小孩的衣服晾在竹竿，飘飘飞飞。碰到一些狗，奇怪也不对我们狂叫猛喊，垂首低眉的，还主动给我们让路。

尽头的一户人家，屋檐下的土墙上安放着能接收闭路电视的铝锅，像一把倒挂的银色雨伞，这种简单的接收器能见的电视频道是有限的，但收费是一次性的，避开了光纤电缆带来丰富内容的同时也带来面对每年收费的操心烦恼。我们一不小心，一脚跨过了这家侧门的门坎，站到了别人家的院子里。

一对夫妇，正在自己的堂屋里忙着活。着苗装的女人在整理几乎破旧的篾织背笼，男人在拨弄锄头，看见我们，也没有现出少见多怪的样子，倒是我们，像一群冒失的闯入者，为打破尴尬装出了一副老熟人的样子，不停地赞美别人家的整洁干净，赞美他们家门前的汪汪水田镶成偌大的块块明镜，赞美他们很有形状的码在墙头屋檐下的干柴块，对于他们家屋基岩脚雕琢的至臻完美，更是赞不绝口。

女主人告诉我们，他男人是个岩匠。

这让我们一时语塞，瞬间把注意力转向了男主人，仿佛这个家庭的精致生活完全是他带来的。而我，却想到了另一个与岩匠手艺制作相关联的事情，于是我问了一个这里为什么叫"香炉山"的问题。

"你转过身去，抬起头，看那背后的山。"那个岩匠说道。

循着岩匠的手指，我们回过头去。天空之下，那西斜的太阳黄黄的，在余晖的映照里，一座香炉，神形兼具，如此绚丽而耀眼。

我似乎突然找到了一种感觉。是的，这就是一座香炉山啊！它是一座祖先的山，以千年不变的姿势，庇护着整个寨子，以及坚韧顽强而生生不息的子孙。

神奇的米良苗寨

吴兆娥

　　米良，一个听起来就像江南水乡的许多美丽寨名一样让你想起河流湖泊交错、土肥地美的鱼米之乡。实则不然，米良苗寨至今像个原生态的婴儿酣睡在朴素宁静素有"西伯利亚"之称的湘西腊尔山高寒山区，是集苗鼓、苗歌、苗寨、苗文化习俗于

一体的鼓舞之乡。

当你快要踏进寨门，就会先听到咚咚咚的鼓声从村舍穿山越岭，直达你的耳畔。这种古朴原始的声音会唤醒那沉睡于深山壑谷的古老苗寨，同时还会让你热血沸腾，让你迷恋那种说不清道不明的原始神奇……

米良苗寨是镶嵌在湘西深山中的一颗原生态的明珠。在2017年凤凰县11个古村落入选第四批中国传统古村落。米良苗寨距凤凰县城76公里，在凤凰县禾库镇西北角，是一个有名的金三角，东与吉首市社塘坡乡、矮寨镇毗邻；西部与柳薄乡、南与禾库镇接壤，自东向北呈俯瞰状。岩溶地貌明显，最高海拔900多米，最低600多米，多岩石外露、多溶洞陷阱，境内有大龙洞瀑布，是经济作物"米良一号"猕猴桃野生资源地。整个苗寨在群山垄里，村前有农田一片，周围山青水秀，有鱼米之乡之誉。

米良苗寨原来是一个乡，在中华人民共和国成立前属明通乡，中华人民共和国成立初期属五区，1978年建米良公社，1984年撤社复乡，生产队更名村民委员会，乡原名米良坨，属苗语村名，曾用墨略美良名，全乡辖村民委员会6个，32个村民小组，28个自然寨，乡人民政府驻芭科村。在2016年合并到禾库镇，米粮乡又变成米良村。现在米良村有两个自然寨，米良和夯都，村里苗民聚居，姓氏以石、吴、龙、田姓为主。苗寨的传统建筑保存完整，苗族风俗浓郁。生活在这里的苗民，现在还行苗礼，习苗节，穿苗衣，唱苗歌，跳苗舞，尤其爱打鼓。

米良苗寨是远近闻名的鼓舞之乡，从祖辈传到父辈，又从父辈传到年轻一代，鼓声拨动了他们生命中的第一次心跳。现在村里的男女老少小到四五岁的孩童，大到七八十岁老爹老娘个个都是鼓舞能手。丰收了，要打鼓，过年了，要打鼓；逢祭祀、春节更要打鼓。一般鼓舞分打鼓、踩鼓、嗻鼓，表现生产劳作的，有犁田、插秧、割谷等；表现生活的，有洗脸、梳头等；模仿动物的，有水牛擦背、猴儿打鼓、猫儿洗脸等。

多年来，苗族人民在与外来势力的争斗和反抗的过程中，需要民族凝聚力去形成强大的战斗集体，才能使其生存下来。在这样的民族力量的凝结过程中，在民族的生死关头，苗族鼓声与苗族人民的心脉跳动早已紧密地联系在一起。鼓舞让苗家人迷醉、为世人倾倒。苗鼓和号角一样起到了巨大的号召与鼓舞作用，在米良苗寨鼓舞已经成为茶余饭后的一种强身健体的娱乐和最喜爱的一种舞蹈形式。每当那琅琅鼓声一击响，手持那艳红绸巾缠尾鼓槌的舞者，那灵动、轻捷、活泼、飘逸的动作在激荡的鼓声中来回穿梭，男的粗犷强悍，奔放开朗；女的身轻如燕，柔美飘逸。

鼓舞中独具魅力的是猴儿鼓，其中"猴群嬉鼓"是苗寨乡亲们最爱表演的一种自然生态与艺术结合的鼓技，在寨子里只要听到鼓声，苗民们便会自发地集中在村里最宽院坝的一家打"猴群嬉鼓"。"猴群嬉鼓"一般由二三十位苗家女人组成，年龄最大八十多岁、最小的十几岁，她们穿着五彩的苗衣，佩戴闪闪发光的银饰，头上裹着方形的黑色头帕。在一个领头的重敲一面大鼓"咚"的一声响时，她们在乱窜乱爬中模仿猴儿敏捷、机灵、好动的特点，结合武术中的点、打、拍、敲等手法，做出猴子出洞、窥望、看桃、爬树、摘桃、藏桃、吃桃、喜乐、扣痒、惊打、入洞等一系列乱敲狂跳，手舞足蹈，她们熟练和高超的演技看得你眼花缭乱、刺激无比。尤其是八十几岁的老奶奶们随着鼓声的节奏上蹿下跳，时而做出各种诙谐幽默的鬼脸，更让你目瞪口呆，忍不住捧腹大笑。这时，你才真正感觉到苗族鼓舞不仅有一种震撼力，更是一种精神，一种穿透力。穿过苗族远古的历史，穿过迁徙的古歌，让你无法忘记这个坚韧勇敢的民族。

米良的鼓舞出名也是来自大山的灵气，村后有两座大山绵延相连雄伟壮丽，这两座山虽然不高高耸立但祥和有瑞气。据说这两个山坡叫"高母"和"高就"，也就是村里老人说的"乾坤山"，乾为父、坤为母，用苗语来说就是（高乃、高玛）父母的意思。一般乡下歌师、巴代祭祀神灵、辟邪消灾都在这里举行。

这里还有一个凄美的传说。传说苗族先人有一个叫系噶的男人带着自己的爱人和弟弟把票一路向西迁徙路过这里，发现这里一望无际，土地肥沃，山水秀美，就在这里开荒种地。据说种出的玉米、黄豆、稻谷等一粒发千粒，粒粒饱满圆润，于是就在这里安家乐业。可是久而久之，这里一场大旱，他们的庄稼都枯死了，吃了上顿没下顿最后连喝水也成问题了。哥哥嫂嫂就开始嫌弃弟弟多余，心肠不好的嫂嫂经常冷言冷语不让弟弟吃饭。

有一天，哥哥去锄地，突然发现龟裂的土地上有一处潮湿的地方，于是用锄头挖起来，不多深就看见一丝水源慢慢渗出来，哥哥一阵欣喜，于是俯下身子用嘴巴狠狠吸了一口，觉得甘甜爽口，于是凿开一个小洞让水慢慢集中起来，然后急匆匆跑回家把这个好消息告诉爱人。爱人听了兴奋异常，但是又担心水太少不够喝。于是合计不告诉弟弟，他们用遮风挡雨的竹编斗篷把泉眼盖起来不让弟弟发现。弟弟每天干活都是早出晚归又累又饿又渴。

弟弟把票由于饥渴交加就晕过去了。迷迷糊糊醒来发现有一只小鸟老停留在哥哥放的斗篷上，弟弟特别惊奇，就去揭开斗篷看看，看见有一口小小的水井，清幽幽的水在太阳光下一闪一闪明晃晃的。弟弟不看还好，一看才知道是自己的哥哥故意不告诉他，当场气得半死，于是赌气跑了。

哥哥系噶也觉得对不起弟弟，去追他回来时，边跑边喊，把票，把票，你快回来，以后有水让你一起喝，可是不管怎么叫把票他还是伤心地跑了。回到家后哥哥茶饭不思，后悔极了，每天都跑到最高的一道山梁上呼喊，看弟弟回来没有。

爱人看到系噶一天天的瘦了，心疼丈夫也开始忏悔对不起小叔子，他们每天以泪洗面，天天一起到那道山梁上守望，不吃也不喝，久而久之夫妻俩就变成了两座大山。后来米良村的人为了纪念这两位真心忏悔的夫妻就把这两座山叫做乾坤山。人们都在那里开荒种地，青年男女经常在乾坤山上唱苗歌，对情歌，据说凡是在那里对情歌的年青人百分之百能结成夫妻。

米良苗寨的神奇，不仅仅局限于传说中的凄美故事和鼓舞文化的传承，要真正解读米良苗寨还得追溯其苦难的历史。乾嘉苗民起义时，苗民为了抵御清兵镇压，他们在自己的地盘修保家楼、建碉堡哨卡，寨子的正对面除了一望无际的农田，还有两个建在山腰上的古营盘遗址。至今虽然被岁月斑驳，但那些石头围起的四四方方的堡子虽然残存无几，但是历史的痕迹还在。早年利用营盘对面悬崖峭壁和险恶的峡谷地带及一夫当关万夫莫开的地理优势坚守这块领地，当今米良苗寨的乡亲们继续以原生态植被坚守着他们的家园。营盘对面现在一样奇山兀立，青草苍翠，山间微风袭过花香四溢，远望还可以看见吉首的社塘坡、矮寨。

米良的自然风景无愧于是摄影师向往的领地，大山的奇、秀、险，人在其间宛若隔世，青山绿水却崖高百丈，悬崖峭壁如刀斩斧削鸟迹难达；群山巍然耸立、石柱横空，行人攀岩越涧，惊险刺激。

特别是在每年的秋后，田园风光里星罗棋布的草垛更是乡村独有的风景，在树木和寨子的包围中，草垛依偎着村庄栖息在炊烟醒来的地方，成了孩子们游戏的天堂。月光下的每一堆草垛都是童年的记忆，草垛常常堆在一些腐朽不知为什么会穿孔的树蔸中，一些虫儿会在里面咚咚作响仿佛在唱悲壮的史诗。

那黄褐色的竹编牛屎墙更是一道不一样的风景，这里的牛屎像水泥砂浆一样，人们用手抹在一道道竹编里用来当做房屋挡风遮雨的墙，阳光下那种被烘焙出淡淡的牛屎香味更让人有一种不管是预约还是巧遇，那种原生态的恒古穿越让人相见恨晚，让自由的灵魂驻足；让浮躁的心留下梦想和诗的远方，更让快门留下一份纯洁的圣地。

如果你有幸步入米良苗寨，你还会感觉这是一块盛产豪情的神圣领地，是诗人的情怀，是画家泼墨的宣纸；是情人偷渡约会之地；同时还是舌尖上的苗寨。她们用自产的黄豆，加上天然的水质，做成的豆腐又香又嫩，许多文化人像哥伦布发现新大陆一样相继而来，饱尝舌尖美味，与自然淳朴苗寨融为一体，他们会和这里的苗民对歌、跳花跳月，还会说"歪也某"的苗语，找到了自己向往的世外桃源，用镜头和文字捕捉撰质感画面和那些浪漫文字让你看得心脏扑通扑通地受不了。

苗民古朴纯净，会把最古老最动听的苗歌唱醉远方的客人，更奇怪的是这地方博得头彩的爱恋往往取消祖制，传统的对歌恋爱、边边场、草标暗号恋爱、互赠礼物等自由恋爱一样沿袭至今。一个诗人说，在这里和心爱的人轰轰烈烈地赶一次边边场那是绝顶的疯狂和刺激。

米良苗寨虽然没有出什么大人物、没有什么名胜古迹，但民风淳朴、民情风俗浓郁，苗寨山丘下那些层层叠叠的小青瓦和村寨掩映下的田园风光足以让一位诗人、一位画家驻足凝思；特别是那承载着几百年历史的竹编房子，会将最原始的生态沉入你情有独钟的安静角落；会打开你神经中枢任督二脉让最敏感部位颤栗不已。苗寨上空炊烟袅袅时，偶尔几声牛羊的叫声，或者棒槌声、鸡狗吵闹声，仿佛只要一个深呼吸就到了自己心中的"桃花源"，那种感觉让你不知所措，不知要先饱览风光还是要先写首诗好……

有寨子墙的地方——塘头

马 农

　　久闻都力那边有个典型的古苗寨，名叫塘头，应县作协刘主席相邀，我、红网散文版版主足迹刘叔、本土作家姚军一行四人欣然驱车前往。上午九点从凤凰城出发，从凤凰二桥上二级路，一路向西，在廖家桥镇与拉毫营盘古寨之间靠右的一个岔道，经一打岩场，向西北山里开去，到都力古镇（原为一乡，现并入廖家桥镇）再往西北驱车十分钟左右，豁然望见一口开阔的碧水山塘，下车一问，知是塘头到了。

举目一望，塘水边的麓地上除了少量老房子外，其他全是新建的二、三层楼外墙贴着瓷砖的小洋房，一派现代风光，这不禁让我们大失所望。社会要发展，农村建新房也是必然趋势，那么要发现、保存、保护由老房子构成的农村古村落——这份偏远少数民族地区农耕文化宝贵的不可再生的遗产——正是现行政府应该认真思考、谨慎对待、刻不容缓的一件大事。正因为古村落不可再生，正因为它是一种文化遗产，我们是将它保留下来并投以资金加以修缮、保护，还是任其破坏，任其凋败消亡，让它们成为文人笔下永远回不来的风景呢，这不能不引起当地政府乃至国家层面的重视。古村落承载的是一种可视的文化，即一种能够让人走进去并感受到的历史，保留、保护和维护的迫切感更是一日都不能耽搁。因为，老房子一旦拆了就无法复原，注定会成为一种永远的遗憾。西欧发达国家经济越发达，国家越繁荣，老村庄、古堡、老教堂等建筑物保留得越多越好，因为他们知道那是国家历史与文明的沉淀与象征，是老祖宗留给后人的宝贵遗产。

我们沿塘右侧的一条乡路绕行到塘头村村部。村部也是两层的小洋楼，村部楼梯下有小图书室。村部有人上班，有年轻的女办事员和年长的村长与年老的村秘书。村长电话叫来村里八十多岁的老支书方知，塘头村为廖家桥镇西部，由5个自然寨7个村民小组构成，是生苗区的贫困村，村民多半姓龙，苗族古老姓叫"绒"，另有麻、吴二姓。苗语称塘头为"垛塘"。祖人在明朝以前由贵州的"达果"迁来，远祖来自麻阳锦河。往天，祖人来此地靠到坡上挖沙种苞谷、豌豆、红苕为生，呷杂粮，打猎。山下有口自然生成的大水塘，很深，山上挖沙，雨天冲土下坡淤塘成田才有了水稻。在坡背六、七组处有个自然村，叫芭蕉冲，地理先生讲，那里只能坐八十户人家，满八十搬走，所以芭蕉冲并不是因为那里有许多芭蕉而得名。那里有寨子墙，过去匪患严重。村寨上也有人去做土匪的。当土匪的没一个像样的，打家劫舍，得餐饱饭呷又转来，脚上穿双水草鞋。

稍后，我和刘叔爬上村部大门对面坡的一组老房子那里，那几栋民房全盖着小青瓦，还有大石门、片石墙，历史悠久，冬暖夏凉。家家有坪坝，坪坝里有鸡鸭，另有穿土布青衣不会讲汉话的老人。天凉好个秋，老丝瓜悬挂在岩墙上，很有诗意。在这几栋岩屋的右后侧，果然在这里就发现了一堵高约6.67米

厚约 0.8 米，由青岩片垒叠成的防匪围墙——寨子墙，墙石上长满苔草，少说也有了上百年的存在。

向西翻上一个坳，就看见芭蕉冲了。一目了然，塘头村真正意义上的古村落应该就是芭蕉冲了。放眼望去，除了看见唯一的一栋新楼房建在原学堂大门口外，一片古老的石头屋有序无序地分布在一个山窝窝边。这种山窝儿，本地人叫作"冲"。一色石砌瓦盖，杂以少量黄泥砖的土墙，在我看来，依山而建的老房子十分入画，屋与屋之间的错落与檐口相衔均十分美观，山墙的存在与偏房的位置都尤其合度，包括窗子的雕花，门头的雕石，看似不经意，其实处处匠心独具，流露出自然朴实的美。对美的呈现与对美的独特感受，正是人区别于动物的最明显之处。因为有美，就有了诗情画意，也就有了审美意识上的黄金分割——那屋门、花窗，包括整个建筑群的大小和结构，看起来都很适度，虽历经百年，即使倾斜，也是一种分外的妖娆。哪怕一担粪桶搁到屋垱，都感觉再惬意不过了，十分安谧自然，让人有一种想到这里安顿下来的冲动。此时接近中午，阳光很好，从屋脊瓦背上正升腾起袅袅炊烟。刘主席说，到这里种几亩田，喂鸡养鸭，与世隔绝，那该多好。余亦同感。

作家姚军把车停到原来的学堂操坪，刘叔忙着去拍照——他老兄一见好风景便亢奋不已，像头嗅到血腥气的狮子，赶紧往寨子里窜。我顺着一条有石板与竹篱的小道下到山落里的一口水井旁。井，是一口古井，2013 年 10 月重修过。井边立有一块石牌，上镌有塘头村人饮工程，整修扩建水井，投入总资金 30 万元，扶持单位县扶贫开发办等字样。一个村井斥资 30 万，足见其政府对乡村的重视程度。有两妇人在另两个井池边洗衣，背篓放到屁股边，见我拿手机拍照，两人便立刻避面躲开。老班人认为照像会摄魂，他们骨子里仍旧封建。我认为，多半是怯生。井口圆形，流泉的一面形成缺口和沟槽（沟槽的流水，亦如吟唱的清泉——难道那歌声还会老）。井正后，有一山丘形的巉石，正面铭刻着"芭蕉古井"四字。我思忖，从历史的角度看，这井水应远比寨子长吧……也就是说，是有了这井水才有这寨，还是有了寨才有这井水？那井却不管你这那，它正汩汩往外冒泉，而且这清粼粼的泉水肯定比这寨子的岁月悠长得多。因为，它历经亘古。乡下，井，往往是一个山寨的生命。有井，则鲜活。无井，则败落。井好泉好，则五谷丰登，六畜兴旺，福禄安康，发子发孙，长荣不衰。井在一个寨子中至关重要。

那里有几畦菜地，生长着各式绿油油的菜叶，白菜薹、油菜薹、小白菜……时令小菜全有。果然仅见菜地边一蓬芭蕉树，叶片宽大修长，往四面舒伸。畦边多竹，竹叶习习。井旁的山地里有一蔸挂着拳大的桔红色柿饼的树，以花鸟画的形式呈现在我的眼前，我以为那也是一首沉甸甸的甜蜜的乡村诗。

从古井处将目光越过几丘收割后的稻田——稻草已上摞，在椿木树下形成了诗的意象，这一切，如此富有典型农耕文化的象征。明清以前的农村，成百上千年都无甚变化，耕种成为他们赖以生存的方式。可是，再越过那几丘稻田，可见到更多田陌却荒芜在那里——如今的农民怎么就不肯种田了呢？代代相传的耕作技术一旦出现断代，那么农村还复存在耕种这桩事吗？远看，山上枫树的颜色正变得丰富，虽还不到暮秋——暮秋的枫叶红得像在燃烧——但这时候望上去已经有了像要燃烧的端倪（山上的季节总要比山下晚一些）。在那些荒田和枫树的边沿，我居然真看见了一道很厚很高的由千万块乱石片垒砌成的以作御匪之用的寨子墙。走近一看，是堵断墙，两丈多高，一米多厚，许多石块已拆去建寨修屋面坪坝，相对于整个山寨而言，这道围山而建的寨子墙不亚于一道如长城般的坚实的屏障，在那些战祸频仍匪患无穷的岁月，曾一定以它的坚如磐石保护了山寨的太平。我俯身爬上寨子墙，可以西望到远山的景，听闻到远处的风，仿佛还能感觉到土匪步步逼近的脚步声，还能想象出墙子墙上的寨民发现山匪后鼓角齐鸣峰火连天的情景。墙上长草，石块乌青发绿，看上去年代久远，有些石片也开始风化。我问到那墙边挖苕的一个本地人，这墙是何年所修。显然他听不懂我的语言，冲我笑笑，又去忙他的活路。语言不通，形如隔世。于是，只好从那里返身走回学堂。

那天，晴秋朗朗，学堂操坪上晒着新谷；那些从田里才收割来的谷子就那么摊晒着，没人管。学堂操坪还在，也有篮球架，还有健身器材，学堂房子却拆掉了，这里曾经一定有过琅琅的读书声，如今作了晒谷坪，一只母鸡和四五只傍着母鸡的红冠大公鸡正在那些谷子里自由自在地啄食新谷，阳光在它们一侧形成好看的阴影。我望着鸡群对作家姚军说，你看它们多好啊，想吃多少就吃多少，也没人管。姚军说，那你就留到这里呗！我静笑不语。偏偏刘主席这时拖起匀耙在晒谷场上戏起匀谷的样子，让从寨子上拍照返回的刘叔拿数码摄着玩儿。主席边戏样子边说，再也回不去了。她是从农村走出来的作家。

这时，抬头再看坡面上的山寨，似乎比来时要明朗了几多，不少人家门前出现了妇女、老人、小孩和家犬。那些原本看起来关闭的大门也打开了不少，瓦皮茅顶上也多了不少炊烟——原来安静的寨子听到了锅铲响，也闻到了饭菜香……大约是晌午饭的时候了，我们准备离开，到拉毫去用餐，下午再赶往另一个寨。临开车前，刘主席提着一个有压花的女式提包匆忙走进学堂留下来的女厕……车开到拉毫国道边的饭庄时，她才蓦然惊呼，哦嗬，我的包忘到厕所的外墙上，手机和钱都在那里呀我袅袅天！我马上诡笑着，阴在心里想，也许是舍不得芭蕉冲呗，嘴上却安慰她道，不要紧，那寨子，民风淳朴。

塘头寨

甘　心

　　一百多年前，这里的苗民从贵州分支而来。

　　这是塘头老支书介绍说的。

　　从寨子建筑上，似有百年来的历史。防匪墙依寨而建，外墙封闭古树参天，寨内屋舍廊檐相接，楼阁参差，小巷通道交错，有若迷宫。一热心农妇告诉我，听上辈人讲，有一年，防御用的护寨墙使得土匪打了三天三夜没攻进来。联想到历史上的战争和防匪保寨的抗击情景，曾经的野蛮与残酷，给予了我们心灵的震撼。

　　历史早已渐行渐远，来到塘头的这天，连续的阴冷天气过后，一束阳光倾斜而来，冬日的山涧充满了温暖和诗情画意；宽阔的水塘，一群游戈的鹅荡漾出阵阵涟漪，像鸟鸣的音符。伴随着村寨的犬吠鸡啼，使得你有一种陶渊明走进世外桃源的步履，于是拿起相机有了停不住的快门声。

　　我们走进原生态古村落时的心情是兴奋的，但也不得不承认，现今社会高速发展中，受到的冲击真的不可想象。站在高处，村寨的瓦屋错落有致，却几近塌陷破损，几个捡瓦匠架一架长梯，撅着屁股在屋脊上捡瓦，修补残缺漏洞。有些已无法再修了，大概主人离家而走，房屋被钉了块牌，上面写着"常年在外，无人居住"。有些有人居住的瓦，明显看出整齐划一的格局，那是城镇化导向的痕迹。走进寨里，我们大多遇到的只有老人与孩子，本来，金秋是收获的季节，应该有一个繁忙的景象，可村寨以沉默的方式告诉我们曾经的美丽与现今的无奈。现在劳动力往外跑，想脱贫致富，最实际的方式是外出务工，一个人一个月的收入足够购买一亩地里一年的收成，经济收入决定劳动力的走向。

问了屋里一位老人，老人说外出务工有出息的已在城里买了房，全家离寨而去，还有的过年会回来，平时寨子里没有了曾经的热闹与氛围。

传统意义上的自然村寨走向萧条，传统意义上的价值观与家庭观念也发生了变化，留守老人与儿童相依为命早已不是新闻，就是有人居住的房屋也是不完整的了。

社会的发展农村劳动力付出了一定的贡献，种田不如外出务工是不争的现象，只是这种"种田的不如打工实惠的现实"，使我想起了一句伟人的名言"手中有粮心中不慌"，现在不种粮有钱能买到粮，如果哪年有钱也买不到粮，社会会发生什么？

或许，我们思虑得过多。就像该村的名字一样，在村子的那边，是一口宽阔无比的水塘，数只水鸭、一群白鹅游弋其间，微风徐来，红掌划开微澜，映着天空蔚蓝，映着草木青翠。塘头百年延续而来，自有它的法则和寓意，它的存在，一如水流源头，生生不息，繁衍不止。

东就苗寨

——一个人繁衍的古村落

杨凤举

    2010年被湖南省民委评定为湘西州唯一的全省少数民族民俗村寨——凤凰县山江镇东就村，坐落在距山江镇4公里的西南方。公路穿过镇上前行2公里的林场处，分入左侧的村级公路，直达东就村部。

    石板楼、石板街、石板巷弄、石板护墙，甚至村周围的田埂、菜园围子都是石板堆砌，石板堆砌是东就村最具特色的建筑。第一次到古村子的客人，首先被深深吸引的，也是这些最为直观的石板建筑。村里巷弄石板一片接一片，洁净、幽静、古色古香，吸引人之余让人宁静下来，不由地想随意坐在一石阶上，仰头看着石板楼之间的青天、流云，超越尘世，放任自己的瑕思浮沉舒卷随后远逝飘散。

传统意义上的东就村分大寨与下寨（如今行政上的划分还包括另外3个自然村组），东就大寨是下寨的根、本源。只是下寨分出来后繁衍旺盛，枝繁叶茂，如今村落已经是大寨几倍的规模，一百七十余户，九百余人口。按照寨子里老人的说法，东就下寨出儿子，人口的增加自然明显，又说这是风水旺家，作为一个外来的探访者，对这种种说法，只能报之一笑。

所谓下寨，村子地处低洼，在大山脚落户。石板楼依山而建，楼舍错落间留着石板铺成的通道，曲曲折折。走在其间，视野里眼前是石板片子整齐砌成的墙，屋墙近瓦时，才是方形土砖直到瓦口；高处则是重重叠叠瓦面、马头隔火墙和张扬的花式鳌头。走出村弄子，站在稍高处环望全村，村对面是两三百米高的山，林木葱茂；村子的地势落在一个小小的盆地，寨子前是一片几十亩的农田，让寨子不显逼窄。

寨子对面山腰修了通往另一个村的一条公路，有两家人将住房建在公路边，显得孤单，房子却修得大而华丽。问及村里老者，他们对在那面山建房是完全否定的态度，据说寨子对面山是不能建房住人的。因为从古以来，断断续续有人将房子建在村子对面山，但没有一家能够传续下来（这事实或许是巧合并非规律，用风水来解释固然一言释疑，从科学的角度解读估计要复杂一些）。

站在寨子对面公路居高看寨子便一览无遗，村子房屋顺着山坡一台一层顺山坡成寨，黛瓦连绵，层次井然。只是，村里已经夹杂了少量新式楼房，都是近几年起的楼，让村子的古色古香有了些违和感，这也是历史变迁过程的无奈。

目前，村里保存最好的古建筑只有隆家大院。

隆家大院据传是进士故居（注1），这位进士应该是清代的士人，大院有着东就村最为辉煌的故往。可惜如今没人知道他是哪一朝的进士，名次排位，或许真实的他没参加过殿试。

历经"五反""破四旧""文革"等运动，隆家后人将留存几代人的族谱毁了，而隆家在新中国建立之初的上溯两三代人都不识字，他们对祖辈的辉煌仅仅是口耳相传，遗漏太多。

冬就村近年才更名为"东就村"，因为"冬"字显得冷清，而"东"则阳刚锐气，这一说法是村支书梅姐所说。"东就"一语是苗语音译，其中"东"或"冬"在苗语本意上是地处低洼，环山落凹之地；"就"苗语是芭蕉的意思。东就村在1949年前还有一个书面语村名叫"芭蕉沱"，释义上与苗语用词一致。据说，目前麻阳县等地一些走乡串寨卖鱼苗的游商，说东就村他们不知在何处，只有说芭蕉沱才知地点。可见，芭蕉沱这一村名在凤凰县境外流传较久。

芭蕉沱除了将"东就"进行苗语直译之外，还有另一个故事在其中演绎，使得村名传播。说是当初隆大贵以举人身份去京城参加国考，到京城时，守城门士兵要验看路引，举子隆大贵从衣兜拿出一片芭蕉叶给士兵看，士兵便放行。随后隆大贵考了进士，隆家大院也成为进士门第，这一典故传开，芭蕉沱这一村名也就传开了。

东就村隆家大院有多久历史，虽无法细考，但走访目前隆家大院主人之一的隆求显，还是能够了解不少秘辛。隆求显1951年出生，是长在红旗下的新一代，参军，参加自卫还击战，是武汉军区退伍兵。他生有五子，文武双全。前妻一子在美读博士六年，目前留居国外；现任妻子名下四子，老大参军多年、退役，老二曾在北京政法大学硕士八年，老三曾就读南京海事大学，老四于复旦大学硕士七年（算不算学霸之家）。

老汉隆求显提起家族旧事，也是嘘唏不已，感叹他父辈、爷爷及更上两三代人没文化，使得隆家大院的辉煌旧事湮没在历史中，家谱这类记载文书则于"文革"之前就丢失无踪，当然，当年也没有谁会在意那些东西。

冬就村隆家老祖先是从湖北搬迁入湘，具体迁入时间不详，隆姓，主户大门应该挂"南阳世第"匾额（百家姓有载），可隆家大院门额上写的却是"武陵世第"，起因由说是当初从湖北迁居过来，将隆姓改为龙姓才不受本地人排挤，龙姓是大龙，居所为武陵世家。如今还能口传的旧事，则是冬就大寨隆家生了五男孩，长大后分家：老大留在大寨，老二、老三、老四都有寨子，传言老五隆八月老实本分，兄弟们提议他将新家安置在低洼落凹的"东就"，隆八月便应了，在如今的东就下寨建起第一幢石板楼。隆家五兄弟后来的发展，老大在大寨有后人传续，只是人口发展不旺，到如今全村不过四十户。另外三兄弟则逐渐无后，断了传续，没了香火。

隆家大院可考的历史是能够大致推算的，至隆求显这一代在大院里已经住了八代人，按照每一代人四十年计，大院也有三百余年的历史。隆家大院是隆八月三子长大，发家富足，有足够的钱财来修筑如此精美的房舍。他两年之内一口气建成大院，三屋比邻，青砖黛瓦，精雕细刻，奢华富贵，壮观宏伟。每家入户六扇雕花门精益求精，每扇窗也是如此。门脑上方则有八只吉祥雀兽，振翅欲飞；瓦下檐口，雕了足足百种花草，无一雷同。传言修建隆家大院时，隆家这位祖爷爷放出话，只要工艺做好，管酒管肉管饱，不计工程进度快慢。工匠中有家贫的，隆家会给一升米粮带回养婆娘孩子，让工匠安心做工。

而东就村的历史也是在隆八月分家才开始谱写，如今下寨全村都是他后代，繁衍生息至斯，全村无一杂姓，也没有外来迁入者。

隆八月分家到下寨修建的第一栋石板楼，如今还有半边旧房留存，只是，当初的石刻、楼房修饰、雕花的门、窗等都被后人拆卖、损毁。村支书梅姐指给我们看时，见那无人居住的老房已经废弃用砖头将进门处封堵，外面还留有两块雕花门板。门板雕花精细，不过风雨浸湿已是黯然无色，腐蚀霉变，没多少价值了。

隆八月生有三子，建造如今留存稍完整的隆家大院。几十年的奋斗拼搏，这位隆家祖爷爷顺风顺水，发家致富。据说是养禽禽长、蓄牲牲发，五谷丰登，隆八月到得晚年，老人家每年秋收获的稻花鱼得用晒垫晒干，牛羊成群，粮食丰足。隆家水田、种植坡地分布极广，曾有人跟老人家借粮，时逢苞谷成熟，老人笑着让来人到村外随处掰下苞谷棒子，都是他家物产。田广地多，由此可见一斑。老人自己则悠闲养生，在家养鹌鹑、斑鸠等鸟禽自乐。

对隆家大院当年的壮观与富足，有苗歌为证：

东就建好火砖房，上面美饰二子墙。

站在对面山远观，雕着花草有百样。

天天都吃白米饭，杀猪足有一千斤。

问工熙攘如蜂忙，坪院繁忙如集场！

（说明：原苗歌流畅而押韵，奈何意译、直译都无法将之韵味传达出来，这几句译得有些鸡肋）

当初隆家显富比足还有一个传说，是隆家与木里乡一家做亲家，对方也有丰厚家底。给隆家发请柬，隆家人到木里乡做客，对方办了斑鸠宴席。隆家人回请对方，则办了鹌鹑宴席，这都是需要大笔开销才能做到的事。

隆家大院修成之后，隆家的富足得到传续，到隆大贵这一代有兄弟四人：老大隆大富，隆大贵排行第二，另两兄弟名字不详。到得这代，隆家主族已经拥有两千担谷的水井田，分布

在周边各村，旱涝保收。旧时的一担大约是120斤重，当年的产值较低，亩产两三百斤而已。2000担田差不多是千亩上等良田，这仅仅是隆家的水井田，其他望天田、坡地不计。到这代，隆家有充足的财力来培养自家的读书人，便选送聪慧的隆大贵读书进学。

隆大贵总计读了32年，具体经历不知，外出求学是在辰溪的浦市攻读。每次去都骑马，着人抬着银钱求学。他求学的最高成就比较模糊，似乎是回故里做官，但凤凰这边却没有听过他的传闻，若能细查史籍或许能够找到他的事迹。很可惜的是，隆大贵之后隆家文脉没有传续，直到1949年之后，上学普及化，隆家后人才冒出众多高材生。

东就村隆家是苗族，隆是小龙与唐姓互通，始祖是"代边"一支。村中在服饰、音乐、舞蹈等娱乐方面同县内其他苗寨一样；手工艺术则体现在衣服、花带、鞋垫、手包、背裙、花鞋、头帕、蚊帐等处，工艺复杂而精细，可看到的作品典雅凝重，朴素大方。其他如对歌、卡酒、赶边边场、男女盘歌、婚庆、节庆等都一样，到东就游玩的外来客人，肯定会全方位领略到苗家风情。

那天和朋友到东就采风，在村委会遇见省工作驻村干部小敏，问村支书梅姐时，小敏热情地带我们去梅姐家，随后，小敏在梅姐家将梅姐为儿媳妇准备的全套新纯银首饰穿戴在身。精美的饰品使得身材高挑的小敏如绽放的牡丹，拍照后，小敏直喊累。因为全套银饰有二三十斤，挂戴身上，非苗家姑娘确实不习惯。

谈到村里，梅姐很自傲地说如今东就村生活的改变，精准扶贫政策给村里带来实惠，而村里精神风貌、安定祥和更值得称道：梅姐说她嫁到东就村几十年，全村离婚的仅有两起；村里各家之间没发生过争吵矛盾。

小敏试穿银饰，也是为几天后村里筹办的重阳节庆节目做预演，她是主持人之一。重阳节是苗家最隆重的节日，村里组织全村进行庆祝活动，村里丰富的精神文化生活由此可见一斑。

注：关于隆大贵是进士身份的说法，查了清代大部分进士名单，没找到。本文不作史料或资料用，仅采用的是隆家后人的说法。

美丽的泡水苗寨

龙爱珍

泡水苗寨，一个古老的村子，坐落在两山峡谷之间，马路从村中穿过。看起来很普通的一个寨子，如果没有走进去，没有了解她丰富的内涵，你就永远不知道她究竟有多美。

从三拱桥上去，大约 6 分钟的车程。很快我们来到泡水村的油房洞。

以前洞口有个油房，用于榨菜油桐油，此洞因此得名。

据说，油房洞里面很宽。1949 年后，解放军进驻湘西，准备把此洞作为储油之地，但因地质原因没有使用。

油房洞不仅宽敞，而且很美。里面的石钟乳奇形怪状，美不胜收。

据说，有一年，泡水村的几个男子进洞探险。他们拿着手电筒，边走边欣赏沿途的石钟乳。不知不觉，他们来到一个比较宽敞的地方，左边是深潭，漆黑冰冷的深潭，给这里增添了几许阴森。有人用 4 米长的竹竿插入深潭，依然探不到底，可见此潭很深。就在他们几个感叹此潭很深时，发现前方不远处有个似人非人的东西，黑乎乎的，因光线太暗看不清楚。那东西会走路，倒着走，轻巧地走，然后跳进深潭。整个过程就是几秒钟的时间，立刻深潭又恢复了平静。

油房洞不仅怪石嶙峋，还是天然的音乐吧。洞里的声音似敲锣打鼓，又似叮当铃声作响。一到夏天这里非常热闹，附近的人们都到这里来享受天然空调，述说泡水苗寨那不老的故事。

油房洞口像蛤蟆的嘴巴张开着。这几天下雨，浑水从洞里流出来，汇入村前的泡水河。马路边的鱼塘与稻草堆、绿树、悬崖、云雾、天空相映成趣。竞相开放的粉色的野棉花也来凑热闹，此情此景，你会感觉到此处也是世外桃源。泡水村的美也会令你陶醉其中。

马路两边，古树成群，再上去就是泡水村的腹地了。

改革开放 40 多年，中国发生了翻天覆地的变化，由贫穷走向富强，泡水村也跟着改革的步伐向前奔跑。明清时期的古老房子已经剩下残垣断壁，取而代之的是一栋栋小洋楼。我们在感叹古建筑逐渐消失的同时，也为小康社会的到来感到庆幸。

据说明清时期这里很繁华，当地人自豪的把泡水村称为"小南京"。这里土地肥沃，人们说这里的白菜、萝卜、柚子尤其好吃。加上这里的人们勤劳能干，互帮互助，他们相互帮忙建起飞檐翘壁的好房子，所以这里曾是附近有名的富裕村。据说泡水村以前有几根石旗，石旗在旧社会是富贵的象征，可见这里曾经是何等的辉煌。

我们在村子转了几圈，想在这里找一个完整的明清古房子。但是沧海桑田，找到的是一个古式建筑的大门。火砖夹石灰垒起，上面盖着青瓦。几株槲蕨扎根在砖缝里，它们在拼命地向我们招手。精美的石块，雕龙画凤，在老房子的基脚下泛着年代久远的亮光。村子里还有一堵古老的雕壁，上面雕有各种图案，中间是个"福"字。据说这是一堵风水雕壁，因房子门前有条河，主人建这堵雕壁，不让自家的财富风水随河水流去。

泡水村的古建筑，不仅美观，还有军事防御功能。整个村子的布局，三横三竖，有序排列，这主要是用于防御匪患。据说以前每家每户都留有小门，户户相通，当土匪来临，人们早已通过小门逃走了。所以，泡水村是当年匪患受害最小的村子。

清朝乾嘉苗民起义时，吴八月带领苗族弟兄在此经过。秋雨绵绵，站在静悄悄的小巷里，我依稀还能看见身材魁梧的吴八月，带着队伍经过，他那深邃的目光里充满着对和平的渴望……

下雨天，雨水汇成溪水，在脚下咕咕地流动，感觉处处都有水冒出来，难怪这里叫泡水。小溪流、大溪流、大河水同时在这里出现，一幅江南水乡的水墨丹青展现眼前，你说美不美？

站在村子前，泡水河边，我望着不远处对面的悬崖，还能隐约看见一堵人工垒成的石墙。据说1949年前，为了孩子们（有钱人家的孩子）安全上学，人们把教室设在山洞里。洞口古树参天，即使土匪进村，在村子是看不见山洞的，更不会发现这里有孩子读书。当地人把这个有三四十平方米的山洞叫作山洞学校（苗语：考表学堂）。中华人民共和国成立后，湘西军民经过两年艰苦卓绝的斗争，到1950年底，基本肃清残匪，数百年湘西匪患宣告终结。山洞学校也结束了它的历史使命。在新社会，每个孩子都可以上学，在河边新建的学校上学。

泡水村两边高山险峻，幽深神秘。据说很久以前，一天晚上，村子里有个小伙子在八九点钟时去欧阳村，就从村子对面的山坡小路上去。他打着手电筒，边走边唱歌。当他爬到半坡时，碰到一个年轻女子，面容俊俏，似曾相识。他主动跟她打招呼，那女子默不作声，低头娇羞地擦肩而过。美好的夜晚有美女相伴，岂不是良辰美景，花前月下？说不定还能成就一段姻缘呢！想到这小伙子心里美滋滋的。于是他准备叫住那女子，但此刻，那女子已消失得无影无踪。男子想，难道是鬼？明明是人模人样，怎么会是鬼？他不甘心，回头去追那女子，还是不见踪影。他想，既然不见，说明没有缘分。于是他继续上坡，此时他奇怪地发现，上面的路比刚才好多了，可是他走了一个晚上，始终没走出那座山。突然，山下的大公鸡喔喔地叫起来，他猛然醒悟，发现自己还在荆棘丛生的树林里。这里根本没有路，旁边是几座长满草的坟墓。他感叹道："难道昨晚真的见鬼？"

　　时代向前发展，历史一页页翻过去。经历变迁的泡水村，褪去那古香古色的外衣，但依旧很美：小桥、流水、人家……她像一位情窦初开的少女，站在河边，期待你的到来！

　　（2015 年泡水村和麻冲村合并为盘瓠村）

挂在悬崖上的古村落——扭光

谭 溪

那天，正当我们要返程的时候，恰是夕阳挨山，据山上人讲，柳光五组还有一个很纯粹的苗寨，很古很老，只剩下两个老人，就挂到峡谷边的悬崖上。我们立刻盎然兴起，顾不上天色向晚，驱车前往。一条水泥路在山间七弯八拐八拐七弯，老远老远地瞰到，在一山峰稍下的一个山坳里，有一个古老的寨子，七八户人家，木屋瓦顶，仿佛挂在乌巢大峡谷的悬崖之上——夕阳之下，四野寂寥，宛然一位被人遗忘的孤独老人，又像一个冷落在书页里的古老传说。

我们不禁往山峰下赶，车停到一蓬大古树下。首先，是一只温驯的狗，摇头摆尾，从山塘边的石板道上跑了过来。也许是很少有人来，长期的隔离与孤独，使狗这种警觉性很强的动物都变得对突然造次的陌生人格外亲近起来。是的，山寨边有

一口山塘，塘里有几只鸭嬉水，塘边有两只白鹅扑人而来。水半浊半清，倒映着寨落的青瓦土墙灰青的屋脚岩和墙上陈色很深的花窗。这山塘，赋予这古老的苗寨以灵性。

塘边——寨子与之隔塘相望的那蔸三人合抱直指苍天的千年古树，给寨子更增添了一种神奇与神秘的色彩。那是一蔸笔直且昂然挺立的山毛榉。从树皮上来看，应该是一株红榉。那树十数丈高，虽历经千年，仍枝繁叶茂十分高大，不禁让人惊叹——你可以想象春暖花开时绽开满树缨红细花的样子，那种越千年而不变其热烈的激情，不让你倏然对它产生敬畏才怪哩！榉属青冈，硬档木的一种，木质坚硬，铮铮铁骨。像这样阅历深厚的巨榉，我还是头一次见到。我站在巨树之下，像仰视天神一样地瞻仰着它，心中不免澎湃。我知道，它从唐朝来。

居不可无竹。在苗山，寨不可无树。在柳光五组的后山，就有一片葱茏的青冈林。林子的反背，就是湘黔两省的分界线——著名的乌巢大峡谷。从峡谷看寨子，乌龙寨的确如一只鸟巢悬挂在山崖之上。站在寨后的那片林子里，视线可以越过峡谷，望见贵州——那辽原的云贵高原。实际上，乌龙山这边的山群要比那边的高原高出几多，在地质概念上，山这边属于古老的腊尔山台地。

狗也许表示对我们一行人的欢迎，望着我们摇着尾巴轻吠了几声。马上，从寨中走出一位八十多岁的老阿婆。她身穿本地人手工制作的黛青土布衣，布扣，裤脚袖筒滚着花边，踽步蹒跚，要说走来，倒不如说是挪移，一望便知身体有病，行走艰难。老人一拢边便跟我们讲话，无比热情。山中的岁月本来是幽静漫长无惊无扰，突然来了七八个人，那种新鲜与喜悦自不必言表。待明白我们的来路，老人马上喊我们到家里去坐，要杀鸡宰鸭留我们吃夜饭。

这时，从寨子那边沿着山塘又走来一个老爷爷，拄着拐棍，目光呆滞地望着我们，走一步歇一步，气喘吁吁。老婆婆用苗话说，那是她的老伴，脑壳木了，边说边拢去搀他。按医学术语说，那老人应该是中风或者老年痴呆。

整个寨子，除了一条狗几只鸭两只鹅五六只黑白相衬的山羊归林的鸟和两个耄耋老人外，不见任何其他生物。老人不懂汉话，随行中有人充当翻译，作协刘主席问了半天，才晓得寨子东南峡谷不远处有高山名乌龙而得名，那山中有个洞就叫乌龙洞，以前藏过土匪，早先的电视剧《乌龙山剿匪记》的主镜头就是在那里拍摄的，整个寨子姓吴，明朝以前从贵州搬来，现在有两家出门打工几年没回来，另四家搬到山江安置区去了，寨中仅剩他一家，他俩的子嗣都出了远门，整个寨子就只剩下他们老俩口了。问及门前的道路，说是政府打造的水泥路，花了不少钱，刚修通不久。

我听了心里酸酸的，心直往下落。望着那六七户人家，房屋古朴陈旧，寨子空空落落，搬的搬，走的走，只剩下两位老人……这就是传统的农耕文明与现代文明碰撞的必然结果，眼前的古村落行将消逝。不过我想，从有意识地保留农耕文化以及苗文化历史的角度出发，关于苗山古村落的自然消失与着意保护，应该是当地政府有轻重有选择的刻不容缓的事情，不是我们几个文人能说了算的。

我和刘叔匆忙顺着山塘走进山寨，只见房子闲置，大门敞开，瓦砾一地，室内长草，空无一人。有一栋房子屋顶天通地通，从后山林罅斜射来的夕光刚好歇到满是碎瓦的地上，所形成的投影像枚古铜钱，可以俯视，无法俯拾。那些土灶还在，却无锅，更无烟火气；那床也在那，却无人与睡……猪圈空着，烤烟栅闲置着，因为常年无人居住，年久失修，岩墙垮塌，屋架倾斜，可谓满目凋敝。看到这番景象，我连每到苗寨必先寻访水井的习惯都忘了。回头望着寨子前的那条水泥路，我想，既然古村落只剩下两个老人了，还修造那条公路干什么？

当我们上车离开时，夕阳西下，飘浮着丹云的天空里刚好有一架飞机往东北飞去，银白色的飞机在霞光的映照下变成了巨大的金色。西边十几里地有个机场，那飞机一定是刚起飞不久，机身上的字都能清晰可见。老人独坐在那蔸参天的榉木树下，不远处站着他的老伴。他老伴孤伶伶地伫在那里，依依不舍地望着我们离开，看上去让人心酸。那老人则没在意我们的离开，也没去看飞机，坐在那里，目光空洞呆静，在渐行渐远的我们看来，天地之间，他很快变成了一个孤独的点。

最后一户人家

——扭光五组狗脑洞

龙爱珍

　　狗脑洞又叫高脑坡，属扭光村五组，不知为什么，见到它的第一眼，我就有异样的感觉，像见到一位即将远行的故人，此一别，不知何年何月再见，或许永别。

　　正是因为对它有特殊的感觉，时隔一个月，我再次来到这里，看看那位故人还在不在？

　　依然清晰地记得，第一次来到狗脑洞是2018年4月1日，我和一群作协朋友在周围转了一大圈。那天印象最深的便是狗脑洞。安静的狗脑洞，像个年逾古稀的老人躺在山坳里，黑瓦泥墙，木门腐烂，古朴而苍凉。

　　时至下午五点半，不见炊烟，几只羊在路边悠闲地吃草，几只鸡在欢快地捉食。

　　我们的车子停在村子前的一块水泥地。水泥路是2016年才铺的，旁边那棵古树，也有几百年了。一条大黑狗"汪汪"地叫着，冲出最前面的一户人家。接着，一个腿脚不便的老人走出来，

和我们亲切地打招呼。老人身体不好，在这样暖和的天气，还穿着一身黑色的棉衣棉裤。他今年73岁，左脚左手不灵活，基本上没干农活了。不一会儿，他的老伴也走出来，向我们亲切地问候。她今年70岁，脸是圆的，眼睛有些浑浊，黑色的毛线外套，裤腿挽起，凉鞋拖起，身体还可以。

"这个村子有几户人家？"

"12户。现在只剩下我们一户。1949年后，最多的时候有36户。"老奶奶说。

"其他人都去哪里了？"

"有的到外面做生意，有的搬迁，更多的是打工。"

"过年回来吗？"

"基本上都不回来。"

"你们怎么不出去呢？"

"政府已经建好房子，在阿拉镇上，我们随时可以搬迁。但是一辈子住在这里，难舍这里的一草一木。"

"你们种什么经济作物？"

"这几年，政府帮我们买了几十只鸡、鸭、羊、猪等，这些牲畜都放养在村子里。养这些不辛苦，年底了，政府按市场价来买这些牲畜。生活不成问题，问题是人太少了。"

讲到这里，她的眼神有些忧郁。我立刻转换话题，指着她家前面的池塘说："这池塘有鱼不？"

"有，但不多。以前湖南一个什么记者来过，看到这个鱼塘，说这里是第二个韶山冲。很多人都说这里风水好，但没看到出什么大官。据说，这个塘以前水深鱼多，一天晚上，村里有个人想独占这些鱼，就偷偷放水。结果，塘里的鱼一夜之间消失了。人们说那是龙跑了，跑到邻村去了。"

听老人讲这里的故事之后，我突然觉得这个掩映在崇山峻岭的小村子，又像一位犹抱琵琶半遮面的女子，耐人寻味。

她继续讲："去年秋天，老头病了，儿子从外面赶回来送他去医院。那天晚上我一个人守村子。秋风在外面呼呼地刮，那声音像鬼哭狼嚎。不知什么时候，风停了。我在床上翻来覆去睡不着，想想这辈子的点点滴滴。突然听到有人哈哈大笑。天哪，谁在笑呢？这声音像在屋后的不远处。等我认真听时，那声音嘎然而止。我想，是不是幻觉。突然，另一种声音响起"阿无！阿无！"像大人的声音，又像落荒的孤儿哭着寻找回家的路，由远及近，越来越清晰。想到这里，我突然想起一个人，两年前已经去世，难道是他？风还在呼呼地刮，那声音，不知不觉又没了……人越来越少喽……"

第二次见到狗脑洞是 2018 年 5 月 1 日。这次出来迎接我们的是老人的儿子，叫吴国辉，快 50 岁了。满身泥灰的他，像刚从泥地里走出来。没错！今天他和老婆在离家不远的一块地里劳作。老婆还在地里呢，他回来喝水。

当了解我们的来意之后，他非常热情，话匣子一下打开，一个小学没毕业的人，对村子的前前后后，讲得有头有尾。我非常佩服他，立刻被他精彩的故事融进狗脑洞。

离村子不远有个山洞，叫狗脑洞，洞内嶙峋怪石，清泉常年不断。村子因此而得名（据说龙文玉到此考察过）。

"村子只剩下你们一家人。今后有什么打算？"

"我们可以搬迁到阿拉镇，政府已经修好房子，但舍不得离开。祖祖辈辈都是农民，跟土地有着深厚的感情。靠天靠地吃饭，这是我难以改变的想法。我最大的愿望是，村子搞起旅游，大家都回来。"

"这里有什么旅游资源？"

"一，村子的自然风光很美。山、水、房、人构成和谐的图画。二，狗脑洞很美。三，狗脑洞传说。

"传说，狗脑洞有前门和后门。前门在我家后面的这座山。后门在扭光村

一组那边。传说以前这里有户人家，有三兄弟，其中一个叫吴六举，是三兄弟中长得最帅最聪明的一个。一天，他睡在后山的一块大石头上，突然有个白胡子老人叫他去家里（狗脑洞）。到家后，老人说要让他当官。他不答应，于是老人送他回去。不久，老人又来找他谈上次的事。这次他同意了，但是提了三个条件：一盏大灯、一面旗帜和一只守门的狗。老人全部答应。因此，后山大门有一只石狗，往下一点有一面石旗。那大灯呢？在狗脑洞后门对面。从此吴六举便统领这一带的诸神。

后来，一个叫陈法扬的老司，因为久旱不雨，进狗脑洞逼龙王（吴六举）降雨。进洞之后，他发现洞内很热闹，诸神似乎在开什么庆祝会。龙王是哪一个呢？一个白胡子老人引起他的注意。那老人坐中间，位置最高。想必就是龙王了。没错，他就是龙王。于是陈法扬变成一条狗，钻到桌子下面，然后慢慢靠近龙王。当他抓住了龙王，和龙王打斗时，龙王施法使洞口封上。

传说陈法扬是站在茶场那边，向对面的狗脑洞甩一块裹脚布，立刻，眼前出现一条路通向狗脑洞。进洞前，陈法扬已交代好两徒弟，在洞口挂一个簸箕和一双草鞋。如果见簸箕和草鞋动起来，就敲锣打鼓，这样洞口就封不了。可是徒弟俩看见簸箕和草鞋动起来像打架时，觉得很有趣，看痴了，也就忘记敲锣打鼓。洞口慢慢地封上来，陈法扬见状，知道两兄弟忘记敲锣打鼓了，他只好用自己的牛角放在洞口，自己变成一只苍蝇飞出去。龙王和洞神立刻追出来，追到狗脑洞村子时不见踪影。原来陈法扬变成一坨牛屎躺在路上。龙王用矛向牛屎刺了七下，然后走了。

　　陈法扬被刺伤后，回家疗伤。他坐在蒸桶（苗族同胞蒸糯米粑的大木桶）里，准备蒸七天七夜，这样伤就会好起来。可是蒸到七天六夜时，两徒弟担心师傅会饿死，或被蒸死，于是揭开盖子。结果师傅的伤没有痊愈。陈法扬非常生气，一巴掌把两徒弟打到凤凰堤溪悬崖上（高速公路附近）。

　　动听的故事在最后一户主人的口中流出。我不知道，若干年后，这会不会成为导游津津乐道的故事，或许它将成为这里的最后一个故事。

　　当我们挥手告别主人时，发现一双充满期待的眼神。此时，我突然觉得自己只是个匆匆过客，渺小得连只小蚂蚁都不如，载不动，许多愁！

苗唢呐
（五）米坨 · 唢呐之盛

吴恒忠

引子：2016 年 2 月 23 日，雨，慕名去禾库镇米坨村。因为这里的唢呐两次吹到了北京城。

这是个大寨子，公路穿寨而过。村子 220 户人家，龙、吴、麻、杨、石姓，石姓居多。东面依山而建，寨子中有水塘、水田。

事先采访了省民族歌舞团的石有恩，说很久以前，那时这里的唢呐总是比不过两林板如的唢呐，后来到禾库大寨学习，才有了突飞猛进。进村后采访了石二哥二儿子石友珠的爱人龙妹英（52 岁，属龙）和石三哥儿子石友谊的爱人吴生花（属龙，1976 年 5 月，40 岁）。他们都不记得二哥三哥两兄弟是什么时候上北京了。龙妹英从堂屋柱子上拿下来一张黑白照片，说那个早晨，来了几个人，找上山了。照片留下了，来为何人？他们所为何事？至今没人认出来。现在村子里还有十多人会吹唢呐，但只剩下两对唢呐了。

米坨，是东部苗族唢呐的地标。一、传承情况好。凭借记忆，对唢呐祖师的追溯，可到五代，第一代：石老林，石老东（石才洞）；第二代：石林才、石党才；第三代：石二哥（1924年出生）、石三哥；第四代：石有恩、石有珠等；第五代：石露云辉、石露云珠等等。值得一提的是，第四代苗唢呐传承人石有恩是湖南省歌舞团国家二级演奏员，他的一对儿女石露云辉、石露云珠分别从天津音乐学院和南京艺术学院毕业，学的都是唢呐专业；二、保留有较完整的唢呐曲牌。如：《裹裹脚》《赶场号》《雀儿送虫》《蛤蟆闹春》《斑鸠调》《麻雀呷谷》《打

马过桥》等。三、米坨唢呐弟子两次到北京表演苗族唢呐。一次是石二哥石三哥。后来据凤凰县原副县长石求华回忆，他们是1957年到北京吹唢呐。一次是1988年米坨弟子柳薄村（石三哥妻子是该村人）的石胜忠（1974年生）和石成生（柳薄村人，1972年生）受县文化局邀请到北京参加中央民族大学四月八活动。四、该村留下了苗族唢呐起源的美丽传说……

一部缺失自己文字的民族史，不得不面对"抱残守缺"的硬伤。二哥三哥去北京参加什么活动？黑白照片的人物是谁及他们所为何事？乾嘉苗民起义期间，米坨有个龙犹也称王，也没听到留下什么蛛丝马迹？

这天，村子里的一个老人去世了，不时传来一阵阵唢呐声，说是这里的习俗，什么人死了，送葬出门就要吹唢呐，一直吹到山上墓地。据说白事唢呐叫"苦调"，学习、练习苦调不能在家里吹。如今，吹苦调的习俗在柳薄、花垣雅酉一带保存完好，但曲调有所不同。千工坪吴培海兄弟俩也学过苦调，如今六十多岁了，也只吹过四次。

我上公路返回时，唢呐声已经全听不见了。遇见米坨一戴狗脚印蜡染头帕老婆婆，背一小袋苞谷去赶集换点油盐钱，她72岁，6个小孩，中心店人，我要帮她背她不干。是贫穷？还是勤劳使然？我不知道老人为何要在新年伊始去卖那么一点点苞谷？我关注她的头帕，我知道作为一个苗族分支"黑脚苗"标志的"狗脚印蜡染头帕"（美得让人惊叹）已经没人制作了，戴这种头帕的人也少了……路过一处新修村道时，我问她是通向哪里？她说是杉木寨，三四里远。

　　告别了老人，我往左边上山，走了一段约3公里的毛坯公路，绕了一大圈，又走回了乡公路。最终，还是与一个叫"高见"（杉木寨）的苗寨擦肩而过……

苏麻寨今夕

张建永

在湘西腊尔山腹地，被清王朝称为"生苗"区的小村庄苏麻寨，孤伶伶地藏在深山老林里。如果不是为同事吴恒忠父亲治丧，这个村寨恐怕永远不会进入我的视野。

长途疾行三个多小时，乡村公路蛇行山峦谷底，到处是迷津。一路问路，非常麻烦。最后干脆顺路带上一位去腊尔山赶集的苗族大妈，在她"常青式"指路后，方才找到这个地方。微风细雨中，恒忠早已远远等候在村头。

还未来得及祭奠烧香，恒忠轻轻说："先带你看几个地方。"

原以为"剧情"会慢慢展开，无非是美丽的乡村景色和田园风光。出乎意料的是，刚走十几步，一拐进小河湾，岸边一溜残垣断壁以非常气势凸现眼前。

八仙桌大的四方形巨石和屠桌般的条石所砌成的围墙，赫然站立眼前。尽管墙体上部分已经崩塌，其辉煌气象和尊贵架势依然令人震撼。巨石铺就的道路延伸到村寨尽头，巨大码头和纤小河流形成强烈反差。这码头分明配得上大江大河，可眼前却是细小如沟的小河。

什么原因造成这极不恰当的关系？

问苍茫历史，历史不语。

揣摩可能是当地人的浩大理想和不竭创造力远超客观地理环境所致。小河流大码头，小村庄大物流，没有大物流何须大码头？

可见，这座小村庄的灵魂一定不同凡响，它的梦想和为梦想奋进的爆发力浩浩如江河。苏麻寨漫山遍野长的是五谷杂粮，养育的却是诗人胸襟豪侠气概。

苏麻寨的光辉还不止于财富创造。

恒忠告诉我，这里还是乾嘉苗民起义的核心地区。

令清王朝没想到的是，湘黔川边地几个村落的苗民起义竟然动摇了国体，非大军压境不能平复，非大将出马不能靖边。皇上派出的是他的心腹大将福康安。福康安授兵部尚书，历任云贵、四川、闽浙、两广总督，官至武英殿大学士兼军机大臣。谥号文襄，配享太庙，入祀昭忠祠与贤良祠。副帅和琳，和珅弟弟，历任兵部侍郎、工部尚书等职。

如此两位股肱重臣也真没有辜负皇上重托，平复了起义。但是，也就在这里，他们押上了自己的性命。

我眼前这些将要倒塌和已经倒塌的巨大建筑，那些废弃在草丛中精美绝伦的石雕和风化在时间里的石墙石径石井石门，都是战后两百多年来苏麻寨人民重新建设起来的。

只是，这些美丽怎么就在不知不觉中坍塌了呢？历史该怎样回答这样的问题？

苏麻寨，是一座我在湘西多次晤面的无数＂美丽乡村＂中的又一座村寨。它们美丽在历史远处，那样光耀照人。

苏麻河：
一首流淌着苗族先民热血的古歌

田松平

　　苏麻河，发源于腊尔山苗区的一条河流。是清代乾嘉苗民起义的古战场之一，是著名起义领袖吴天半的故乡。苏麻河是一条流淌着无数先民热血的河流，是一首古老的歌。

　　当我从贵州松桃翻过腊尔山，第一次踏入台地这片土地，碎步在苏麻河边的时候，我还是个小学生。那是随父母到腊尔山走亲戚。河边的一个古稀老人，在为一群小孩讲述那些发生在苏麻河的往事。我只记得一个名字，他叫吴天半。因为老人多次谈到他的名字，每次谈到，声音都很沉重，以至于十多年

过去了，那个名字依然在我脑海里盘旋。

他是谁？为何他总出现在老人的故事里？我一直在问。这个问题和他的名字一样，也缠绕了我十多年。

十多年来，我也一直通过故事、阅读、行走来力图解答心中的疑惑。后来我终于明白，老人口中的"吴天半"是清代乾嘉苗民起义的领袖之一。

2016年夏天，我再一次翻越松桃飞灵山，跨过腊尔山山脉，重走苏麻河。

在苏麻河边的一个叫板拉的地方，吴氏老人带领我们一起回忆那些战火硝烟的往事。石碑是明清时代板拉苗族举人所立，据说当年一个小小的板拉就有好几座这样的古石碑。如今城墙不在，古碑残缺、一排排乌

瓦木房不在。在老人的回忆中，我听到那古老的城墙、一排排乌瓦木房在战火中崩裂的巨响。

顺着清清河流，走过一片片肥沃的山间小田坝。夏天的风肆意地吹佛，撩动田间的禾苗，拉湾飘落而下的雨丝，伴随林间的鸟鸣，空气异常沉闷。

行走在曾经被先民鲜血染红的苏麻河边，我的脚步下得异常的轻，我怕惊醒沉睡中的先民。只是眼睛在四处找寻，找寻看不到的过去，找寻我要带回去的现在。

现在，一个苗族后裔，正在以生动的影像，力图记录悲壮的历史。

而对于追忆，我知道，我的图片则是刚劲有力的。夜深人静的时候，每每翻开这些照片，我想我能够与他们对话。至少我曾经走过的那一条流淌着先民热血的河，她不会忘记，我来过。

苏麻河水在流淌，日夜不息……

天上扭仁美得像
一个未曾掏过的鸟窝

李德铭

从 2013 年春开始，怀着某种无法割舍的乡愁，我不停往返天上扭仁拍摄荒落中的山山水水和一草一木，面对人去楼空的残墙断垣，怀着错杂的心绪梳理杂草丛生破败不堪的风物，总感觉，只要还有人留守古老的苗寨，都应该多

回来看看。在我发表《扭仁，一个毁之可惜存又悲哀的苗寨》《集体出逃的苗民遗留一个不该荒凉的村落》，有乡亲看到之后曾这样说我，能走的人都走空了之后，当我们这些走不动的人一个接一个入土之后，如果你还惦记着我们的话，就多带些钱纸回来到我们的坟头上烧一把旺火，以后该走多远就走多远……

其实，依山傍水的地方是有灵性的，走与留的人都没有走远，只要还有人不忍离开，所有乡愁就会带回烟火不散的人气，当这个古村落在人定胜天的悲悯中复活，今天的扭仁，真的美得像一个未曾掏过的鸟窝。

盘龙卧虎高山顶的扭仁苗寨不仅是苗汉聚居地的分水岭，也是沱江和乌巢河的交汇地。早些年，通江过河有土木结构的

风雨桥，沿江两岸别具特色的水车、碾坊、油坊隔江相望，通往扭仁的多条茶马古道绿树成荫，山门观景台石碑林立古树参天。民国时期，扭仁的河边有中转货物的集市，湖南的茶叶、烟草、盐巴、大米、布匹等物资，均从这条躲避山贼水盗的大峡谷运往贵州、四川、云南等地，被誉为无愁河上的丝绸之路。

　　扭仁这个古老的苗寨因为人才辈出而出名，在清朝和民国时期，山青水秀的扭仁曾冒出一批又一批举人和秀才，这里出的人才数量列凤凰第一，从扭仁发迹的土豪和大野在相当长的时期内，掌控了那方水土的兴衰与荣辱。扭仁这个原始苗寨存留着我好多童年伙伴的影子；一辈子再也见不着的亲人也从这里消失；那些穷困的老人还在这里留守。走远了的我们，因为有一份根叶相连和血浓于水的牵扯，不管走到哪里，也忘不了生养过我的老地方。有朋友说，很喜欢这里，到扭仁体验古苗寨的炊烟生活，不得不说这才是真正的世外桃源。盘龙卧虎高山顶的扭仁苗寨不仅是苗汉聚居地的分水岭，也是沱江和乌巢河的交汇地。我想，会有那么一天彻底放下今天的执着和不舍，带着无言明状的遗憾回到这里过着写扭仁和拍扭仁的归隐生活……

人杰地灵话扭仁

王永潇　龙建华

　　在巍峨的云贵高原的东部边缘，在奇峰绵延的武陵山区，在神秘的湘西凤凰苗疆，有一个神奇的古老苗寨——扭仁村。被收入《历史文化名录》的扭仁村，位于凤凰县麻冲乡东南部，距乡政府7公里，是一个苗族聚居村。她东面和南面临长潭岗大峡谷，西与力坳村、高通村接壤，东北与茶坪村接界。乌巢河、龙塘河、天龙溪和岩门溪，两大两小共四条河溪汇流在村寨西南角原叫"满江"（又称"马江"）的地方，形成了猪崽坡、大头坡、太平山、天龙山、白马坡五山环抱之势。20 世纪 90 年代初，因修建长潭岗水库大坝，在扭仁村南面形成了 30000 平方米的湖面和 20000 平方米的岛屿，都里乡满江村大部分、扭仁村乌主寨的全部人口，移民搬迁至阿拉。

站在都里大头坡向西北眺望长潭岗峡谷对岸，只见稀稀疏疏的扭仁村落掩映在 99 个大大小小的山峦及苍翠的森林里。众多的山峦，扭头朝东北方向着老洞村背后的高山，留下"九十九只猪崽赶猪娘，谁人拥得可称王"的谚语。扭仁村所在的猪崽坡像一条活龙，翻滚着骄健的身躯，卷开岚旗雾帐，气势磅礴地从东北往西南方猛扑下去，抢占马江龙潭，潜入水晶龙宫。传说风水师呼为"五马奔槽"，即五支山脉从四面八方奔向马江潭来抢槽夺宝。扭仁龙脉最先来最早抢到栖身宝地，盘踞在马江潭变大了，它争得了天意民心，郁郁葱葱，长生不老。其他四条龙脉，来迟了没有机会长大，只能远离马江潭，低头拱护着扭仁大龙。因此，扭仁村寨兴人旺，源远流长。

有关扭仁村的来历，神奇的传说很多。话说蚩尤当年涿鹿战败后，其遗部为遵循老祖宗遗训，不得不回归南疆。秦灭楚时，求生的苗民溯沅水而上，退入武陵群山。代卡（苗族中一个姓氏）的祖先，转战迁徙，进入沱江上游的峡谷。看见满山遍野的腊梅盛开，带队的"阿剖"（老爷爷）高兴地说："对了，祖先托梦寻找的梅花谷、梅花坡、梅花坎就是这个地方了。""剖卡"（麻公）披荆斩棘，爬到山顶瞭望，看到扑面而来的九个山峰，正像九黎先祖结伴从远处走来。祖先的英灵到了这里，这里就是安家的地方。"剖卡"把随身带来的枫树籽撒在肥沃的土地上，见风长高，遇雨长粗，造就了满山遍野的枫树林。现在扭仁村还保留了大量的"枫树

坡""枫树坨"等古老地名，更有一个保护完好的母亲林（枫村：苗语称"东名"，意为母亲树）。九棵粗壮的古枫树，就是蚩尤圣祖和九黎兄弟的象征。当时，"剖卡"召集大家商议村寨的名字时，一个懂风水的老伯说"比高比仁"，就是高山高坡。我们在高山高坡上居住，寨名要有一个"仁"字。这里的高山高坡，有两个天然生成的像大嘴巴的岩头。不管像大猪嘴，还是像大牛嘴，只要是突出的嘴巴苗语都叫"把扭"。再取一个"扭"字，寨名就成了"扭仁"。"剖卡"心想"扭仁"好是好，但是单讲"嘴巴"怕别人会骂我们嘴馋；叫牛嘴坡，太张扬祖先蚩尤的精神，又暴露了我们蚩尤后裔的身份。我们的祖先把猪读成蚩，用猪字最好，口里喊猪嘴坡，心想"剖业剖尤"（蚩尤祖公）。他边说边指着山势，群山拥立像活龙成群，也像猪马牛羊人畜兴旺。喊"猪崽坡"比较好，叫"猪正坡"也行。风水老人听到"猪正坡"三个字，兴奋得蹬了一脚说："好一个'正'与'镇'同音，拜托蚩尤大帝的英灵，永远镇守这个宝地，保佑我们苗家子孙。"有人说，这样咬文嚼字，难记难解，麻烦得很。不如干脆对着地形，告诉我们哪里叫猪嘴

坡、猪正坡、猪崽坡就行了。"剖卡"觉得他讲得有理，就指着三个地方定了三个地名：老寨（老扭仁、猪嘴坡），上寨（猪崽坡），对门寨（猪正坡）。一传十，十传百，一直流传到现在。苗族迁徙歌和祭祖辞的传承者们都能够自圆其说，后来的风水先生也会意附合自如，"扭仁"的来龙去脉就这样传承下来了。1950年，新中国调整行政区划，扭仁正式以行政村名确定下来，其间曾称扭仁大队。

现在的扭仁苗寨坐落在一个呈"R"形的山坡上，山脉从东北向西南方向延伸，至村后停顿起顶，又扭转向东南方延伸，然后左右分叉，左边向东方延脉，右边向东南延伸，中间形成一个四五十米深、百余米宽、两公里长的峡谷——腊梅谷。峡谷三面都是缓坡，底部有一口非常大的水井——蚩尤井。可以说蚩尤井是扭仁村的生命之源泉，一年四季从不干涸，且出水量很大，水质甘甜，又离坎上人家不远，除供应全村人畜饮水外，还灌溉谷底的百十亩稻田，然后流向峡谷东南汇入长潭岗库区。村内道路为传统青石板铺就，村落居住在半山腰，具有独特的排水系统。民居以腊梅谷为中心，依峡谷北、西、南三面坐山脊而建。北坡的房子坐北朝南，多为壬山丙向；西坡房子坐西朝东，多为辛山乙向；南面的房子坐南朝北，多为午山子向。这样就形成了三面相望、互为照应的格局。有的房屋之间相距很近，有些甚至墙体相联，有利于兵荒马乱的旧社会防盗抗匪。千百年来，苗民就地取材修建房屋。他们以木头为架，青石、水提黄土砖为墙，青瓦盖顶，故保留了古朴的"小青瓦、土砖墙、吊脚楼、花门窗"原貌，形成苗家杆栏式、楚派建筑群，被称为湘西最后的世外桃源。村寨内绝大多数传统建筑建造于清代，占60%左右，集中成片，是村内风貌的主要部分。上百年的老屋代表，就有麻勋衢、麻求南、麻泽高和麻林照家等十几幢。

该村地形复杂，林深谷幽，古树参天。经县林业局挂牌保护的有15棵，主要有枫树、柏树、榆树、桂皮树、枫香树、金弹子树、楠木树、青冈树等。村里古迹很多，真是一步一景，一景一个传说。村口的母亲林，封在猪崽坡顶的蚩尤坛，唐代驻兵老营盘，修在猪正坡顶的唐燧台——唐代烽火台遗迹，村寨中心的腊梅谷以及谷底千年蚩尤古井，村口的土地庙，村头的公安庙、王陵观、村西南太平山坡顶桌子岛、岛上龙妹努衣冠冢、圣旨石牌坊等，乌主跳花街和茶马古道古码头（古码头三处：腊梅谷古码头、乌主古码头和天龙峡古码头），现在已经淹没在碧波荡漾的长潭岗库底了，但当时却是水路交通的枢纽，苗区的山货药材、朱砂，就是从这里上船，沿着沱江沅江运到凤凰、沅陵，直到武汉南京沪杭，再换回苗民生活必需的盐巴、金银铜铁及丝绸制品。这些公共娱乐场所，供当时人们开展各种活动，热闹非凡。

这里山清水秀，景色迷人，是理想的休闲人居佳境。在20世纪90年代长潭岗水库尚未修建人口鼎盛时期，全村人口近千

人。后来随着打工外迁人员不断增多，留居的人口减少。该村现有6个村民小组，128户近600人，其中麻姓占了90%，另有少量的吴姓、龙姓苗民。自清朝以来，该村名人文人多出。据《麻氏祖祠族谱》记载，仅麻老剖后代子孙中，就有麻老芒、麻国栋、麻老栋、麻老使、麻老久、麻老有、麻天林、麻天德等12名秀才，麻星衢、麻心佐是清朝举人。中华人民共和国成立后，扭仁村考上大学外出参加工作的人员有60多人，其中最耀眼的是麻友世博士等30多名大学学历以上的才俊，活跃在党、政、军、学、商等各条战线，为党工作，为社会做出了贡献。

清末举人麻星衢，自幼聪明好学，18岁考中秀才。求学不辍，文思俱增，至道光晚期乡试及第，名列前茅，赴湖南黔阳县司学教谕。办事认真，公正廉明，远见卓识，才华横溢，治学政绩卓著。屡次向省府建议于凤凰、乾城、永绥、保靖等边省苗区设禀生、增生员名额，以激励边省苗民子弟读书。不久，升辰沅永靖道学政，即湘西学政，受理湘西31个县科考事宜。麻星衢为官清正，力除邪气，辖地多年人才辈出，名声远扬，受朝廷器重。复擢升武昌学政。在武昌因文才出众，大义凛然，交往甚广。每一年科考，从不循私情，凡试人员，有才必举，榜上着名，无才者名落孙山。上下无不赞其贤。在武昌任职时，因功闻名，朝廷钦赐一尺见方的"诏书"箱一个，其箱正面雕刻着"诏书"两字，旁有两条金龙。年科考前，所有"诏书"下达，均收藏于此箱内，还有一批文书等文物。直至老病还乡，此箱藏于家中。于黄鹤楼受过刑部侯补员外郎张世雄（永绥人）

曾拜见麻星衢，专门为麻画了一幅《梅花图》，称麻星衢为"师杖大人"，并题诗云："意气纵横颇似梅，一琴一鹤弥栽培；绥山自有孤庚趣，花未开时梦几回。"麻星衢在外为官，时刻不忘故乡。常促县乡办学，鼓舞乡人读书，其故乡文人辈出，其乡麻冲几个村寨，有秀才7名，举人1名，现存仅清光绪年间的门楣牌匾有8块之多。扭仁传承着苗族历史的椎牛柱、觉燈炯、问仙等苗族传统文化，都被较好地保存了下来。

顺便提一句，据《中国共产党凤凰历史（1927—1978）》记载：1949年10月5日，为策反湘西王陈渠珍实现凤凰和平解放确保二野解放军顺利挺进大西南，李振基（李振军胞弟，时任解放军三十八军秘书长）、朱寿观（朱早观五弟，时任解放军高级将领）来到麻冲扭仁村麻星衢家（有人说是在老洞麻星衢家），拜访在此串门的陈渠珍，将四十七军首长信件交给陈，陈也托李、朱把自己手信转交给顾凌申（解放军四十七军联络部部长），让双方都吃下定心丸。33天后凤凰宣布和平解放，二野解放军顺利通过凤凰，政权军权财权等，全部移交湖南省临时人民政府湘西行署。

有人说，扭仁很美，很神秘。事实上，扭仁以前也是很落后、很原始、很贫困的，是国家重点扶贫村之一。从2015年4月起，湖南省农业银行被上级派驻该村扶贫，以龙建华、张永林两名同志为首的扶贫工作队，告妻别子从长沙进驻该村好几年，与村班子一道，共同谋划扭仁的脱贫大计。经过千辛万苦地走访调研，他们制定了行之有效的帮扶措施：第一，解决交通问题。先扩宽原来通村公路，再利用国家修通"千云公路"

的契机，架设一座跨长潭岗大桥，连通扭仁和满江，使扭仁苗寨更加靠近"杭瑞高速"；开通无愁河航道，恢复扭仁至落莲寨水路航运和游览服务。第二，发展种植业。经过多方努力，扭仁村建成了500亩红心猕猴桃标准园，游步道、机耕道已建成并投入使用，特别是红心猕猴桃已初步挂果，来年将给村民带来较好的收益。第三，发展养殖业。村民喂养湘西黑猪、山羊，熏制苗家腊肉已外销各地。第四，抓住湘西"全域旅游"开发的大好时机，积极开发旅游业。与村民协商，达成保护传统古村落的共识，不允许村民私自修建水泥洋楼，只准修建"青石、土砖、青瓦"房，且修旧如旧，以保证与古村的协调一致性。自《无愁河上的浪荡汉子》播出后，特别是2017年暑期，湖南卫视综艺节目《爸爸去哪儿》在扭仁录制播放后，本村的旅游事业得到了长足的发展，但其蕴含的无限旅游资源，远未开发出来，留给后人无尽的空间。相信在党的扶贫政策光辉照耀下，扭仁苗寨将迎来更加美好的明天……

如今的扭仁苗寨，古树苍竹掩映着欢歌笑语的农舍；奇花异草簇拥着平整洁净的村道；鸡鸣犬吠传递着生物相安、生命活跃的信息；喷井流泉吟诵着古老而又年轻、欢快而又恬静的歌谣……

凤凰最美古村落
新场镇山口村里面沱

唐永琼

  在古城读书会上听作协刘萧老师说新场镇山口村里面沱是个保存完好的古村落，且村落完全是青瓦土屋，今天正好不上班，同事红红开车，约上作协足迹刘叔、姚军老师，我决定与他们一起去新场镇山口村里面沱采风。

  秋天的风凉凉的、爽爽的，秋天的雨飘飘洒洒，如丝、如帘，秋色如诗如画。车在乡间的公路上行驶，旷野之大，天之空远，我的心安静、淡然，一场秋雨中，行驶在一条蜿蜒的村道上心里有说不尽的快乐，看看收割后的田里一排排整齐的稻草蔸，一垛垛堆砌的稻草树，秋的美丽，映入眼中全是农村收获后的一片金黄。

  秋之韵，村野间。

  在刘哥一路不停的拍摄中，我们来到了山口村村部，在村干部的指点下，我们把车停在村里的公路边，步行去里面沱找滕树华组长了解一下村里的情况。

　　山路泥泞，一条弯弯扭扭走向高处的山道，中间凸起，两边凹陷，好像重车压过的痕迹，路上洒满了一颗颗拇指大小的小石子，喏，看，村里正在硬化路面呢。

　　村边一路小野花散乱地开放，一朵、无数朵；田坎边一树炫秋之美的柚子倒挂悬吊，一个、两个、一百个……

　　绕一道弯，只见前面几棵挺拔云端的大树，铺地酥软的落叶，树下七八只快乐追逐的土鸡，几只摇摇摆摆的过路的水鸭，一间间黄土砖、青瓦修起的农家屋，呵呵，美景、美心，好一个美美的原始古村落里面沱。

　　当我还在欣赏美景的时候，一个大约五十多岁中年男人从土屋里走出来，一双帆布鞋、青布裤、墨绿上衣上套着一件蓝色的小马甲，这个人满脸微笑朝我们走过来，我心想这个人一定就是我要找的滕树华组长，迎上去问道："您好！请问您可是里面沱的滕组长？"

"是的，是的，你们好！听村长说你们要来这里看看，欢迎，欢迎！家里坐坐。" 滕树华组长微笑着说，跟着滕树华组长我们走进他的家里。一开三间，堂屋上神龛还供着天地君亲师，我想滕组长一定懂得很多，一定有很多故事会说给我们听。

滕组长一边跟我们聊着一边从里屋拿椅子出来，我接过椅子高兴地给他介绍我的同伴。"滕组长好，我是唐永琼，这位是我们作协的姚军老师，这位呢是我们作协摄影足迹刘叔，这位是我的同事吴红红。"

"请坐，请坐……" 滕组长伸手示意。

一阵寒暄后，我们跟滕组长聊起了家常，滕组长告诉我们说里面沱寨子原来是从司马坳那边搬过来的，现在村里年轻人都出去做事了，村里只有老人在家里看家了，这不他家就剩他和老伴在家，里面沱现在有 53 户人家，203 人，可是在这儿住的只有七八家了，原因很简单就是这里供水不足，53 户人家就只有一口吊井可用，所以很多户都搬到山下住了，家是搬了，可是村民们把土房子保留得完好。

因为滕组长家位置比较高，我一眼望去真有点让人惊喜，这里所有的房子确实保存完好，而且全是黄土砖瓦片屋，每一户都是木门，老三间，旁边一间灶屋，院子里一间屯粮的小仓，青石板铺的院坝，院子里梨树白花，柚子香，核桃树高大，一群土鸡门缝出入自由自在。

这样漂亮的地方，我们要求在村子里转上一圈，跟着滕组长我们先欣赏，欣赏一下细雨中的里面沱。

这里的路铺的是青石板，上上下下，蜿蜒转角。滕组长告诉我说里面沱这个自然寨已经有两百多年的历史了，这个村子里的人都是滕姓，在这儿一共住了八代人。中华人民共和国成立初期里面沱只有几户人家，六十几个人，到了70年代就有120个人，二十几户，再后来80年代就有一百七十多人。由于人口发展，供水不足，有的人家搬至山脚下居住。

"那为什么我们的村寨叫里面沱呢。"我很有兴趣地问道。

滕组长跟我们介绍说因为这里村子井水旁边有一口塘，村里的老人把低洼的地方叫沱，你看我们这里四面环山，中间一口水塘，沱低山高，村里的老人都说这里是块风水宝地，这里必然人畜兴旺，老人高寿，青年健壮、孩子聪颖，文风清扬。四边高峰，山中的金银财宝都落沱，因此这里就叫里面沱。

"好名！风水宝地！"我说。

今天秋雨绵绵，这里果香空气也清甜，土屋散发着泥土的芳香，在村里的小巷子行走，一声声鸟鸣，一声声鸡叫，偶尔水塘传来白鹅的歌唱声，土墙、瓦房、青石板路，房前屋后的柚子香，一棵棵核桃树，一树树反季节的梨花，一园园倒垂的青竹，里面沱处处露秀色，处处都呈现浓浓的乡土文化气息。

滕组长告诉我们这里的村民都很勤劳，老人贤德，年青人孝顺，小孩子读书努力，村里目前有20%的年青人属于财政供养，每一年都有考上大学的孩子。村里还有很多匠人，木匠、石匠、锯匠等，在农闲时村里还有很多娱乐活动，跳茶灯的、唱傩堂戏的、唱阳戏还有舞狮子灯的……

"村里还有这么丰富的农闲活动啊，嗯，茶灯我小时候在过年的时候看见过，滕组长这里也跳茶灯？"我绕有兴趣地问道。

"嗯，是啊。"

滕组长说里面沱离林峰、水田很近，这里的茶灯还是从水田那边传过来的呢，茶灯起源于清朝时期，茶灯可是这里民间文化的奇葩，创始人是水田独坪村的刘天技、刘天祚两兄弟，2012年凤凰茶灯还被列入了非物质文化遗产，就他自己也很喜欢茶灯，说到这儿他说带我们回去看看他的宝贝。这么多年他所收藏的和自己写的茶灯。

边走边聊，滕组长说每年到了农闲的时候，村里的人就聚在一起，拉的拉二胡，吹的吹笛子，打锣的打锣，擂鼓的擂鼓，唱的唱，跳的跳，好不热闹，在我们回到滕树华组长家里的时候，只见他从里屋搬出来一大推书籍和笔记本，一本《民国学生字典》，一本清朝年间流传下来的《劝世文》，其中有一本中国文史出版社刘益林的《茶灯舆阳戏考略》是他最喜欢的书，另外还有几本笔记

本，滕组长告诉我们说他没读过几年书，倒是很喜欢这些宝贝，他还写了很多茶灯，听到这话时我心里很佩服眼前这个生活在山旮旯里的农民老大哥，居然写了这么多本自己的《茶灯》和现代《劝世文》。嗯，里面沱乡土文化气息还真的很浓。

我一边拍下滕组长这些书和书页的图片，一

边听滕树华组长介绍《茶灯》。这里的茶灯多腔多调，表演的人可以即兴发挥也可以按编辑故事而演，还有表演的人一男一女，或者两对，还有多个表演的，演员穿着艳丽，画彩妆，游村游街表演，逢年过节时村里的茶灯也上县城表演节目。

据我所知茶灯分为两类四大块，即武茶灯和阴灯，四大块就是武茶灯、阳灯、却灯和七仙姑。茶灯之所以叫茶灯，是因为茶灯得名是取自江西的茶灯戏的茶字与西汉刘邦燃灯祀太乙的灯字合称茶灯。

滕组长说表演茶灯的一般都参拜殿庙、土地、设老司壇，这里的参拜不是平时我们所说的迷信，是对天地君亲师的尊重。茶灯表演范畴是善、恶道德范畴，即惩罚邪恶发扬美善，在生活中融入娱乐，歌唱勤劳勇敢、厉行节约的中华传统美德，在民间传统庆祝节日活动时表演，劝人处世、待人接物以善为本，弘扬民族文化，传承华夏美德；提出欲治家，先育人，欲育人，先兴教。

听君一席话，胜读十年书。

特别喜欢劝世表演时所提出的：欲治家，先育人，欲育人，先兴教。让我兴奋的是里面沱的滕组长懂得这么多。一个组长，一个村，一个县，一个民族该有多好的文化底蕴。还记得古城读书会的一句话：让阅读成为你的习惯，让书香飘满我们的古城，读书的人与不读书的人是不同的。我此时被一个地地道道的农民老大哥而折服。学习，像里面沱这位滕树华组长学习，热爱阅读，悦于写作，保留初心，做一个永远正能量，永远快乐的人。

翻阅滕组长的笔记本，得知茶灯表演的快乐。比如说正月过年时进入某一村民家中表演，先得参拜神灵：

正月里来玩花灯

花灯终来拜神灵

自古盘古开天地

三皇五帝治乾坤

神农皇帝制五谷……

自古流传到如今

一拜古佛当天坐

二拜一桩帝尊神

三拜观音莲花台

十八罗汉两边分……

倾听而乐，阅读而痴醉，仿佛爱上眼睛就能看见当时的场景，锣鼓喧天，笛声悠扬婉转，一对且唱且舞的男女演员，红红的稠衣，红红的稠裤，一件绣花小围裙，踏着锣鼓的点子，一个眼神，一个探身，一个笑脸，浓浓乡土气息，浓浓的乡土文化就淋漓尽致地表现在茶灯演员的举手投足之中，让你沉醉在茶灯演员的表演里，让你乐在淳朴的民风里。

继而听滕树华组长介绍里面沱的茶灯，茶灯参拜后就是采茶，什么是采茶呢，就是茶灯表演者参拜当地人，如果被参拜人同意邀请茶灯表演，茶灯表演者就可以下帖，约定日期就可以到被参拜人家里表演。

翻阅滕树华组长的笔记本是一种全新的快乐，因为以前从来没有见过茶灯撰稿，而且来自一个山旮旯原生态茶灯原稿，当然我也让你看看滕树华组长的入户表演茶灯的原稿：

花灯来到贵地坪

参拜年老年轻人

要有哪点唱不到

撂在高山面平地

参拜公公来看灯

牙齿脱了有生根

人老个个都要有

恭喜公公百岁人

参拜婆婆来观灯

头发白了又转青

青年来把老人敬

好比杨家杨门神……

虽说是茶灯表演的说辞，但是滕树华巧妙地利用茶灯表演续写了现代人的劝世文，发扬我们祖祖辈辈留下来的传统美德，尊敬老人，爱护幼小，教育下一辈，从茶灯中表演出来，不管老人还是孩子一看就懂。就像滕树华组长说的一样，茶灯表演不需排练，临场发挥就可以，见什么唱什么，看到什么说什么，从真、从善、从美，艺术和文化来源于生活，艺术和文化也体现着我们的生活，在山口村里面沱我收获到了什么，我想你已经听到了，看到了。最可贵的是滕树华组长一生务农却从来就没有放下过自己的理想，那就是他这么多年一直坚持下来的快乐笔耕，为传统文化茶灯的写作。我相信不久的将来，里面沱的原始村落、纯朴的民风将会与滕树华组长的茶灯一起走出山旮旯，一起成为你我眼中一道美丽的风景。就像我在里面沱看到的收割后的水田里居然有成群结队的白鹭与成群结队的白鹅一起玩乐，不知道是白鹭认识白鹅还是它们本来就是自然界很好的朋友。

在这里，一切都是那么的惬意，一切都是那么自然，一切又是那么安静、祥和、美丽。

与滕树华组长几个小时的长谈，看着滕树华组长的《茶灯》和现代《劝世文》，心里满满的是快乐。

滕树华组长还告诉我们说里面沱老人都健康高寿，这里203个村民中最大年龄98岁，70岁以上的老人就有二十多个，当然这也离不开里面沱的环境和一个好的文化氛围，这里每一个老人都会跳茶灯，自娱自乐的同时也有一个好心态。这里本来就是一块福地，这里本来就是一个乡村的文化中心，这里的土屋盛产茶灯文化，这里的青石板路走过一代又一代茶灯美丽的故事，从两百多年前一直走到今天。

倾听是一种快乐，用文字记载快乐对于我来说是生活中一种莫大的享受。

如果可以，我想在某一个晴天的下午，能住在这儿看一本书，或者写一篇关于里面沱的文章，就写写村里的土屋，写写村里那些青青的石板路。

或许写写村子里那些筑窝老树顶上喳喳叫得欢的喜鹊，或许当什么都不想做的时候就坐在土屋前的院子里休息，渴了用吊井的水煮一杯茶，饿了啃一口香甜的地瓜，听一听风声，晒晒太阳，看看村边田野里白鹭悠闲地与白鹅信步，闻一闻房前屋后的果香，岂不美哉！

从上午到下午，与滕树华组长聊了一天，我觉得人生最美事不过做自己喜欢做的事，过自己想要过的生活，就像里面沱的滕树华组长一样，生活在一个清灵灵山水之中，每天种田、种菜、养鸡、养鸭、劈柴、做饭、写自己喜欢的《茶灯》、编辑自己的现代《劝世文》，人生还能求什么呢。

下午离开里面沱的时候，足迹刘叔和姚军老师一再鼓励滕树华组长，一定坚持自己的写作，下次再来拜访。

当挥手告别时，我看见滕树华组长满脸的幸福和感激，一再说："下次一定要来，我一定在里面沱等着你们再来……"

"一定来，下次一定会来，再见！"我说。

如果下次再来，我想听一听滕树华组长演唱的茶灯，再次感受一下他把现代劝世文融入茶灯之魅力。

看得见山水，记得住乡愁，凤凰最美的古村落新场乡山口村里面沱，你让我此次出行收获满满，从一个保存完好的古村落到滕树华组长喜欢的非物质文化遗产的茶灯、清朝年间流传下来的《劝世文》。

山口村里面沱，茶灯古文化，青瓦土胚房，真的这里有说不尽的美丽，这里有说不尽的魅力，在我的心里，在我的梦里。那个小小的古村落，里面沱，真的，读你千遍，不如一见！

托儿寨想象

吴恒忠

　　托儿寨，是个袖珍苗寨，静卧在腊尔山台地的东南角。寨子十七八户人家，都姓刘。时年86岁的刘仕强老人说："祖先从水田来当兵，喜欢上拉斗阳的女子，赶不上队伍留了下来。大约有五六代了。"察看此地周边，明清的塘、汛、哨、碉、关、卡星罗棋布：万溶江碉堡、隘口、火炉坪丫刺关、塘寨、官庄坪，等等，据此推算，这个刘姓的祖先应该是嘉庆年间清政府推行屯政时期招募的一名屯勇。传说他水田家人来这里找他，他就和爱人从官庄坪（原两头羊乡政府所在地）搬迁到了这个地方。

　　托儿寨，1949年前夕，这里曾经出过两个名噪一时的唢呐大师。曾在山江博物馆表演的早岗村唢呐师傅吴恩阳（1945年农历2月生）、向炳新（1945年农历10月生）、千工坪香炉山吴培海兄弟（1955年10月生），他们的唢呐祖师是托儿寨的，还有七箅树、大塘（托儿寨后人）、高山村的唢呐祖师都是托儿寨的。传说兄弟俩酷爱唢呐，看到别人的长处，便虚心求教，有样学样，且能心领神会，举一反三。他们勤学苦练，即使是在土匪猖獗时期，他们在山上躲土匪时，为了不让土匪听到声音，他们把喇叭对着山洞或石头孔吹奏练习。刘仕强老人说唢呐手是他们的爷爷辈，原来他们吹不过板如（两林）的，后来加油练习，就有了突飞猛进。两兄弟一个叫"双贵"，另一个叫"剖正"（"剖"是爷爷的意思。推测名字叫"刘双正"），被土匪杀害了。

据说黄永玉《山鬼》的创作，就是在距此不远的洞脚苗寨。这一带正是苗语地名中带"鬼"的集中地：棍当（鬼塘）、柳棍（鬼井）、刀棍（苗语名 ndut ghunb，鬼树。即官庄坪。鬼有"王"的意思，"鬼树"即"风水树"）等。托儿寨苗语名：dongs ghunb nieax 有三种解释：一、鬼叫坨。可能是这个地方的原始地名，表示凄凉；二、听鬼叫。可能是有人住在这个地方后的一种自嘲或他人开玩笑的戏称，同样表示凄凉；第三种解释：鬼肉坨。说这里是官庄坪苗法师做法事（苗语讲"做鬼"）

杀猪宰羊分肉（鬼肉）吃的地方。三种说法都能自圆其说。

托儿寨，她在凤凰版图上标注的地名是"东棍岩"（苗语名音）。她在一条普普通通山路上一个不经意的拐角处；她在一个你以为路走到了尽头的地方（距官庄坪0.6公里）；她静得偏僻，近乎苍凉。听得懂苗语的人，会直接联系到那个"听鬼叫的地方"；她美得叫人怦然心动，坐地感伤。她有意无意与世隔绝，两百年来孤芳自赏，二十来幢房子错落有致，"坐南朝北，午山子向"，全部瓦房子、青石块、土砖墙……

历史短暂的二百来年，却已是无数的生命繁衍沉浮。乾嘉苗民起义、嘉庆六年的反缴枪斗争、顾家齐剿匪焚烧拉斗羊大小十八寨，兵荒马乱、血雨腥风，使得这里的刘姓散居周边各寨，还有一支迁徙到千工坪新桃一带去了……

这个曾享有盛名的唢呐圣地，如今竟然没能留下一支唢呐。两个唢呐师的老屋场现在是一片菜地，断壁残垣。

托儿寨，是东部苗族历史动荡的幸存者和幸运儿，是一部恩怨情仇、起伏跌宕最后超凡脱俗宣告爱情胜

利的连续剧!

托儿寨,以爱的名义和生命的形式保留了东部苗族历史的一个活态片段!

托儿寨,以一种英雄上路的气概演绎了一段苗唢呐的悲壮传奇!

题记凤凰
阿拉营镇
龙井村

笨笨的布谷鸟

　　清夜无尘，月色如银，别时微风，醉后梦境，一抹清晖洒入寒舍。虚窗半掩，夜拾心情，玉盘皎皎似亲人，天涯独处念故乡。

　　不知从什么时候，回家的渴望凝成了一缕乡愁，织成了一幅墨画，涌上心头，风儿绕窗，牵动着我思乡的韵律琴弦。此刻，回家成了我最无助的奢求。

　　背上行囊是流浪，放下行李是故乡。

　　故乡犹如天上的一轮明月，始终照亮着我回家的路。

　　离家近30年了，每次都是匆匆地来，匆匆地走，像一个过客。

　　随着年龄的增长，越来越觉得故土难离，乡情难舍。

　　乡愁是故乡的那口老井，那一抔黄土，那一树枯枝，那泥泞崎岖的乡野小路，那一间间的瓦房，时常忆起让我甜蜜又悸动。

因中秋临时决定回家有事，第二天下午便能走在家乡的水泥马路上。

一眼望去，到处都是杂草丛生。隐隐约约地还能看到远处的一些隆起的小山丘，那是已故家乡人的另一个国度，早已被枯黄的芭茅草覆盖着。

那荒了长满草的田地里唤醒了童年暑假在田间与父母劳作的场面。

每天放学回家都在田间里和父母收获着一年的劳动果实。

那时候的我未能体会到土地对农民有着深厚的感情色彩，但从父母早出晚归，那面朝黄土背朝天，劳其筋骨饿其体肤这种艰辛有些切身同受，更加珍惜一份耕耘一份收获的劳动成果。

希望自己快些长大，长大就能帮父母分担劳力，减轻父母的劳累之苦。也暗自下决心寒窗苦读，因为在那时考上大学似乎成了摆脱命运的唯一出路。

远眺，蹙眉，思绪万千。

远处的那条水库下的小溪还是那样静静地流淌着。

表哥前几天晚上还打电话说起我们小时候在小溪河里捉螃蟹的情景。

我知道，到我们这尴尬的年纪渐渐地都开始怀念故乡了。

几十年的颠沛流离，总是在莫名的时候想起家乡的山水，怀念昔日的童年时光。

而此时我仿佛看见了在夏天与儿时的玩伴整天浸泡在小溪河里。眼睛泡得通红，嘴巴微微紫，从岸上跳下水里，打猛子，

在水里比憋气，还比谁游得快，再从水下爬到岸上……直到远远地看到大人拿着小木棍向我们走来才善罢甘休，可心还是依依不舍。

还有山上的树林，掏鸟窝，捡拾干柴，放牛，小学同学在上下学的路上你追我打地嬉闹，以及寒冷的冬天雪地里，拿着一根比自己高的木棍，两片长长的竹片，找一个有陡坡的地方，一玩就是一整天，手冻得通红，鞋子、裤子都打湿了也不知道，在那时没有什么比溜冰滑雪更有趣了。

伫立，思量。

回味着躺在家乡山水花草树木下给我的温暖，犹如躺在母亲身上。

我始终怀念深夜里儿时的喁喁呓语，还有那家乡的乡村小路，那远处波叠起伏的山峦，那一处处梯形的田野，还有儿时睡觉前父母亲充满爱意的那一吻，都会在此时得到重温，得到实现。

多希望时间的脚步放慢些，再放慢些，让我静静地躺在她的怀里，沐浴着她那慈爱的温柔和温暖的胸膛，在此不愿醒来。

乡愁是乡邻的眉间笑话，是那平凡和朴素的一句问候，是那你借他一碗米他还你一袋的浓厚乡情。

临近村口了，看到只有依稀地两三个老人在忙着收拾刚从田里收回的稻谷，彼此简单的问候与寒暄后又继续忙着手上的农活。

偶尔见到几个在水库边上从城里来钓鱼的鱼迷们，此时耳边又响起了车子的汽笛声，乡亲们都知道那是接送村里小孩在镇上幼儿园读书的汽车。

远处偶尔传来零星的狗叫声，除此之外，又恢复了昔日的沉静。

现在打工或许成了稍微好的谋生方式了。

村里青少年几乎都外出务工去了，大部分还背井离乡的。儿时出现的嬉闹场面或许只等到春节前后，那时大部分在外漂泊、工作、经商的村里人都回家与亲人团聚欢度春节。

近几年，村里的生活水平渐渐地提高了。昔日的瓦房已被一幢幢两层半的新房所取代，水泥马路、小汽车、光纤宽带网也进来了，在这信息化的今天，村里的父老乡亲脸上都洋溢着幸福的笑容，我们小时候的一些民俗风情依旧没有多大的改变。

小时候谁家建新房都会请来亲朋好友聚一聚，吃上一顿美味佳肴。

主人便爬上屋顶去抛钱扔糍粑略显好客之情，更望平安富贵。于是在屋檐下争先勇夺的嬉闹情景是童年最开心的事情。

那时谁家嫁女或娶媳妇都会提前一两天叫邻居亲朋好友来帮忙，杀猪宰鸡鸭，搬厨具搭建场地，贴对联贴囍字，个个忙得热火朝天。还有去迎新娘的村里人会提前一天把聘礼送到新娘家中，一二十个有力气的年轻小伙子不管路程多远、多崎岖难行都会把新娘的嫁妆完好地抬回来，而现在不同的是用小汽车去迎亲了。

村里谁家老了老人，邻乡们都会来看望悼念，陪着守夜，与做法事的师傅们共同抚慰主人失去亲人的疼痛之情。

最难忘的是过年。

这个传统的节日不知什么时候起，人们都愿意用它来表达这一年的劳动成果与喜悦之情。

打糍粑，做豆腐，烫绿豆面，杀猪宰鸡鸭鱼，都会提前两三天把这些全部做好，过年那天早上，大多数人没吃早饭就开始忙碌着饭菜，直到下午一点，村里便陆续地听到吃年饭的鞭炮声，直到灯火通明的午夜，每个人都会在吃完年夜饭后守夜，以保来年国泰民安，家庭幸福。

乡愁是父亲指尖里淡淡的烟草味，是母亲眉脚上的一滴泪花，是接听电话时无语的凝噎声。

小时候，总觉得父亲穿得土气，走到那里都是那件洗了发白的浅绿中山服。家里来人吃饭那是我们改善生活的时候，可这样的日子很少。

父亲一如既往的话少，可依旧对我们有操不完的心。记得那时在小学快开学时，父亲为我们几兄妹的学费而皱眉，倚偻在角隅处，那时父亲还没戒烟，淡淡的烟草味弥漫了整个房间，而他依旧不停地一口接一口，一根接一根，等到母亲把饭菜端到桌上时，他却说你们先吃我出去走一走。我知道，他又去给我们凑学费了。

小时候总是那样的懵懂无知，讨厌家里的那些看起来丢人现眼的每一处东西，那不做饭时沾满了糠灰的灶台，那只舀水半漏成水线的瓢瓜，还有那半夜开门时吱哑的响声，一切都是那么的不堪。

为了生计，父亲经常出门在外，母亲在家里忙于粮油面加工而每天就炒一大碗菜，还有她那唠不完的攒劲读书，让我有点厌烦，想早点长大。

现在我走在城市的繁华街道上，望着那车马如龙的来往车辆与头上的红绿灯，冲天矗立的高楼大厦，还有夜晚灯火辉煌的霓虹灯，可仿佛觉得这一切都与我无关，我不由怀念起家乡的一草一木，乡间小路，还有那曾经让我不堪的家。

少年不知乡愁味，而今识尽乡愁味。

这几年来来回回地奔走，不远走又怎懂得乡愁味。

小时候，乡愁是那石棉瓦房搭起的家，我在温室里成长，父母在外艰辛劳作。

念书时，乡愁是一段路程，我在学校里头，父母在往返学校的路上。

长大后，乡愁是一部电话，父母在电话里头，而我在外头奔波。

成家后，乡愁是一张车票，我在车里头，父母在家里头。

几十年后，乡愁是一抔黄土，父母在里头，我在外头。

低眉，抬眸，沉浸于家乡暖日气息，秋风微凉又浅浅的爽。

在这半荒凉半贫瘠的家乡，有着我们祖先的足迹和他们世代相传勤劳勇敢、艰苦朴素不服输的精神。

家乡的山水养育了我们，家乡的每一寸土地，每一处花草树木，还有家乡的父老乡亲，这一丝一缕的情愁都深深地印在我心里凝聚成一幅美丽的水墨丹青画卷，让我品茗生香，够我倾柔一世。

沿着时光的脉络，吟诵着这美丽的诗行和不老的文字。用素笔书写一份淡雅清韵的墨迹纸张，镌刻着最柔软的诗情画意。

再温一杯时光的酒，煮一壶故乡的茶，以文字为凭，借山水为证，捎上我最真诚最浓意的祝福。

祝家乡的父老乡亲一生永好，安暖如初。

愿家乡的山水都能成为故乡打拼游子最深的怀念。

从此让我们的心不再颠沛流离，流浪无依。

再华丽的文字也载不动我对家乡的思念，

再真情的告白也道不尽我对故乡的眷恋。

后来，我到过许多的地方，也接触过许多的人。到最后家乡的一草一木、一山一树还有那纯朴的父老乡亲依旧是我一生中难舍的情怀，是我笔下写不完的缱绻，是我一生中最靓丽的风景！

大院子黄罗寨

田仁华

　　由西边小路走进黄罗寨，完全符合"沿溪行""溯游而上"而入"桃花源"的美妙历程——

　　下完新场乡江家垄村脚下那条坡，淌过一条丈余宽小河，上岸便步入林峰乡地界。入口两岸耸立着白森森的石崖，好像两扇沧桑的大门。进去是一条逼仄的峡谷，小溪在左，小径在右，一路曲曲折折随山势婉转上行。两岸大山草木成荫，谷底小溪淙淙，峡谷很是沁凉。林中鸟儿啾啾，谷里蝴蝶翩跹，快乐的涟漪在风里荡漾。若在春夏季节，各种野花开了，峡谷就会变成一条花径。小时候去新场伯伯家回来经过这里，看见那种蓝紫色的鸢尾花，总忍不住要摘一把。可惜它弱得很，捧在手里一会儿就没了精气神。行至半山腰，一面筑了堤的翡翠小潭铺于眼前，发出冷森森的气息。潭水碧绿澄澈，冰冷刺骨，由里面一个山洞流出，因此这峡谷被唤为"冷水洞"。又上行半里，至山垭口，豁然开朗，天光透心。再沿梯田复行数十米，便见林峰乡"首府"黄罗寨了。出现在你视野里的黄

罗寨正和"桃花源"一样：土地平旷，屋舍俨然，有良田美池桑竹之属。阡陌交通，鸡犬相闻。其中往来种作，男女衣着，悉如外人。黄发垂髫，并怡然自乐。

　　这黄罗寨当然是大寨子，囊括16个自然村，有六七百户三千余人家之多。除去散落在四五里外的杨家寨、营寨、解放村等几个自然村，核心由电门前、湾里、杨柳塘、毛坡等十余小村组成。这里地形呈船形，四周自然村落紧密相连成圈，圈中是穿寨而过的大片农田，因而平旷开阔，像个结构严谨的四合院，布局上别有艺术。

　　寨子依山而建，一律木房子，一条条青石板巷子纵横其间，四通八达。清晨或黄昏，牛羊蹄子踏在石板上，发出"嗒嗒嗒"地敲木鱼般的脆响，几百户瓦屋顶袅袅生出蓝色炊烟，煞是壮观。寨子古树颇多，松树、榆木树、枫树，树龄上千年或数百年。树上鸟巢像一团黑牛粪顶在枝杈间，大风过时，树冠摇曳，千枝万叶呼应起来，涛声一样"哗哗"回荡，有时掉下雏鸟来，就成了孩子们的玩物。那院子浩浩荡荡的几百亩农田，

更是一幅随季节变化的风景。春天，插下禾苗，看那点点翠绿慢慢变成一片汪洋碧波。秋天，稻穗熟了，金浪滚滚，麻雀闻香而来。少年时，我们背着书包，早早晚晚穿过这片稻田，见习着犁田或是收割的农耕生活。大人们会乘机教育：看见了吗，要攒劲读书，不然以后跟我们一样打牛屁股。黄昏，寨子安息下来，大人们在村边谈白，空阔的田野舒缓着人们的心胸和视线，心情在入睡前纯净愉悦。

地方像条船，却没有河水。秋冬干旱季节，几口井水枯竭，黄罗寨饮水就困难了。我们小时，常要去井水守水。泉眼那一线井水宛如游丝，用木瓢去接，一两个小时才接满一担。那水挑回去，油一样金贵，洗了脸的水要留着晚上洗脚。清菜的水，要留着煮猪食或者洗碗用。但黄罗寨人都觉得自己这地方好，常感叹：要是有水，我们这里就活了，搞不好我们这里还能升级为城镇。

这里自古就没有水吗？由此我听到两个传说。一是很久以前，一个阴阳先生路过黄罗寨，投宿到一大户人家，这大户人家本来要把剩饭喂狗，见他来便给他吃，阴阳先生多心了，一怒之下，施法把那条大河挪走了。另一说法是，远古时这地方涨洪水，乌泱泱即将淹没村寨，于是全寨人齐心抗洪，拿出 99 床棉絮把河水堵住了。河水被堵而大怒，从此玩失踪，永不回来。但我确信它不是传奇，这片穿寨而过的稻田应该是一条河流，这是有迹可寻的。一是这片稻田几乎纵穿黄罗寨全境，很像一条河流的河床。二是前几年我们毛坡村一户人家在田里踩瓦泥取土时，在底子上发现了一层细白的河沙。

这么个大院子，没水怎么解决生活用水呢？聪明的黄罗寨先祖有办法，他们在寨里修筑了十多个池塘代替河流。除去南、北两头离寨子稍远的几个公社时代建的用于灌溉农田的水库，寨中各自然村大都砌有池塘，三五十米就有一口。池塘不大，一亩或半亩面积，用于浣洗衣物，锄头搭耙。池边栽有树，或杏树柳树，或松树榆树。我们毛坡村有一个小池塘，上边有一棵几人围的大松树，可惜我们长大后它倒掉了。春夏季节，新雨给池塘换水，池塘明亮干净，池里既有白鹅和鸭子泳歌撒欢，也有光屁股孩子海豹一样在水里出入。池底水产也很丰富，小鱼小虾，泥鳅黄鳝生生不息。炎热夏夜，用撮箕向水里一挖，便有无数泥鳅扭着身子被捞上来。

但黄罗寨实在是一座孤岛。因境内山多而高，黄罗寨周边全是峡谷，与近邻新场、水田、麻阳都是隔谷而隐。黄罗寨山脉绵延而下四十余里后，在即将连接到县城公路时，豁然断裂，惊天动地劈出一条大峡谷。那玉带一样盘旋的乡公路简直是一架靠着大山的螺旋梯。转弯时，车轮临崖，往外看，渊深无底，惊得人汗毛倒竖，因而这盘山路有"小矮寨"之称，外地司机轻易不敢进林峰。

既然进出都是令人胆寒的峡谷，黄罗寨便长期处于自给自足状态，寨里人养成一种安贫乐道、淡然于世的性格。除了交换农产品，墟场无人长年累月做生意。街边摆摊开店的，都是"居民户"，也只卖些南杂。虽不善经商，但生于山成于山，黄罗寨人被大山蕴养出的一种坚韧品格，种种艰苦从不畏惧，因而走出许多响当当的大人物。这些人物主要集中在一座叫作英雄坡的介于林峰、水田两乡的巍峨大山周围。英雄坡北麓的黄罗寨有沈从文祖居，东北麓水田乡燕子岩村有熊希龄祖居，南麓水田乡政府所在地出有筸军悍将"虎威常胜军"统领刘士奇，坡东、坡北面则涌现出韩棕树、田耳、刘潇、向秀清、熊幽等一批当代作家。

黄罗寨当然并非"不知有汉"的世外"桃花源"，它的身上深烙着烽火岁月的印痕。冷水洞峡谷右边山上的骆驼峰，有一座古老的军事碉楼。据考察，这废弃在荆棘草林中的骆驼峰碉楼建于明代，清一色青石砌筑，具有明清建筑历史风貌。

东侧的碉墙、东门、东二门、炮台等遗址原貌保存较好，军事设施较齐全，是凤凰区域性防御体系中碉楼类型保存完好的代表。谁想得到，这样一个不起眼的石头碉楼，竟和凤凰南长城一样，也是用来防御的前沿阵地？所以，它也是研究湘西政治、文化、军事的一个古迹。作为防御设施的，还有寨后山上的壕沟和寨里的保家楼。毛坡村以前也有保家楼，烤烟棚那样宽，开着小小的枪眼，修筑得很牢实。寨后四周山上，隐伏着一圈壕沟，可居高临下射击。据父亲说，那时的富人不爱住村脚平地方，而是把房屋修建到寨子上边一点的安全区域。旧时的黄罗寨很有些名气，它又大又集中，人多势强，又是四合院布局，即使在土匪猖獗的年月，也没土匪敢来抢劫。因此下游的土洞及上游的清水哨等周边村寨，出门都自称是黄罗寨人。

黄罗寨，顾名思义，该是黄、罗两姓人居住的寨子。然而走遍全寨，却找不到一户姓"黄"或是一户姓"罗"的寨民，而是近乎清一色的据说从陕西迁徙而来的田姓家族。黄罗寨流传着这样一句话：黄罗寨在人不在。这话令人惊骇，明明几千人，怎说"人不在"？从字面去理解，无论如何无法明白它的含义。向老人们打听才明白，所谓"人不在"，是指黄罗寨最初的主人"不在"了。想当初黄、罗两姓人可能为避时乱，率妻子邑人来到这山清水秀的地方建寨安家，繁衍生息，从而把这不毛之地赐名于世。那么，因何缘故黄罗两姓却消失得干干净净了呢？关于这，寨里却没人知道一点信息。因为黄罗人除了留下这个寨名，再没留下任何一字半语音讯。我猜测，既不是田姓人来后驱赶他们——否则这里就不可能还叫黄罗寨——也不会是瘟疫或者战争。若是瘟疫或者战争的话，周边总有传说或者记载。那么，只有一条，就是他们举寨悄无声息地迁走了。可能黄罗两姓发现了其他水草丰美而隐秘的地方吧。

这寨名平添了黄罗寨的沧桑古老。作为一个小小的孤僻之地，它名不见经传。但血脉发于此的沈从文却把它记录了下来，赐予它意想不到的荣光。在《沈从文自传》第三章"我读一本小书又读一本大书"里，沈从文这样写黄罗寨："我有三个堂叔两个姑姑都住在城南乡下，离城四十里左右。那地方名黄罗寨，出强悍的人同猛鸷的兽。我爸爸三岁时，在那里差一点险被老虎咬去。我四岁左右，到那里第一天，就看见四个乡下人抬了一只死虎进城，给我留下极深刻的印象。"

关于沈从文与黄罗寨的渊源，湘西州作协副主席欧阳文章在散文《夜访骆驼峰》写得很清楚：

"沈家本系江西汉族。明朝宣德年间，沈家祖上由江西赶赴今贵州铜仁任职。后来几经变故，家道中落。至沈从文的爷爷沈宏富一代，更因家贫而不得不进城卖马草维持生计。一个偶然的机会，沈宏富遇到曾国藩的湘军招兵买马，沈宏富毅然入伍，后与凤凰人田兴恕转战江南数省，因战功显著，沈宏富步步高升，在田兴恕麾下谋事。后田兴恕因事获罪，沈宏富见前途莫测，遂借口枪伤复发，请求辞职回乡，于1865年携妻回到凤凰镇竿城定居，三年后，年仅31岁的沈宏富因旧年枪伤复发而卒。" "沈宏富生前无子，其弟沈宏芳定居距离凤凰城二十公里外的黄罗寨，娶妻刘氏，生有三子。沈宏富病逝后，其妻张氏又为小叔子沈宏芳娶了一位姓张的苗族姑娘作为二房妻子。这位苗族姑娘又为沈宏芳生了二子：长子沈宗泽，次子沈宗嗣。在沈宗嗣两岁后，沈宏富之妻张氏将这位苗族姑娘所生的次子宗嗣从黄罗寨抱进镇竿城，过继给沈宏富传宗接代。因为苗族人所生的儿子在当时没有社会地位，不能参加文武科举。然后，沈夫人又将那位为沈家生了二子的苗女远嫁他乡。光绪已末年三月，沈宗嗣为生母假墓立碑，上刻"故张老孺人之墓"。沈从文4岁的时候，还曾回到黄罗寨，在墓前叩过头。

沈从文之父沈宗嗣，从小就在"家里再来一位将军"的期望下成长，请有一文一武两位老师严加教导，不光武艺出众，品行气度亦为人称道。1892年，沈宗嗣娶当地土家族贡生黄河清之女黄英为妻。1902年，沈从文出生。

此外，沈从文还把它写进了小说《月下小景》："傍了省边境由南而北的长岭脚下，有些人类所疏忽，历史所遗忘的残余种族聚集的山寨，他们用另一种语言，另一种习惯，且另一种梦，生活在这个世界的一隅，已经有了许多年……"

如今，沈老印象里的草莽土寨已是历史的一缕云烟了，今日的黄罗寨，和外界一样，衣食住行得到巨大改善，入村有水泥路，瓦屋变白洋房，是个爽心悦目的寨子。但我欢欣的同时，也很心痛。我是最懂这寨子的，我看出了它被新划的那道伤疤。这伤疤便是那条由墟场蔓延而出的"商业街"，它夹公路而起，一路啃的都是农田，极大破坏了寨子几百年的四合院建设艺术。原来浑然一体的田野被横切为两半，下游被硬化成停车场，上游横生出一条连接了毛坡、杨柳塘等村的民房街。院中空白被粗暴地堵塞后，黄罗寨变得杂乱无序，不透气，不透视线，像一把插在黄罗寨心头的刀，看着碍眼而揪心——昔日空旷优美拥有着田野风光的黄罗寨只留在记忆里了！

都罗寨的风景与人文

杨世平

　　距凤凰古城西南约16公里,在凤林公路中段右有一岔村道,前行千余米,有一个四面青山环绕的村寨,名叫"都罗寨",现属林峰乡管辖,距林峰乡政府约8.7公里。都罗寨全村总面积4平方公里,所辖5个村民小组,有900余人,共200余户人家,是一个以土家族为主,汉苗共同聚居的村落。这个地方自然风光宜人,风景如画,民风淳朴,人文荟萃。想要了解凤凰乡村风光或考察土家民俗风情,应首选都罗寨。

都罗寨地处云贵高原东侧，武陵山脉南麓，是典型的喀斯特地形。地貌复杂多变，奇峰怪石、幽谷深涧、飞瀑流泉、悬崖溶洞随处可见。全村拥有溪河3条，瀑布6条，古迹8处，溶洞10个，怪石12处，山峰38座，古树360多棵。要领略都罗寨风光，要先到村寨中，沿着石板路走到家家户户，木屋、菜地、果园、石板路，构成一幅美不胜收的田园风景画。如果你还有兴趣，建议你到村西的峡谷游螺江一带赏玩一番，那里山水风光更旖旎。

　　现在的都罗寨虽然已在悄然发生着变化，但古寨遗迹仍处处可见。整个村寨由坨湾、洞堉上、棕树坳、李家堉、杉木田、油坊湾、土地堂、屋场湾八个片区组成，南北向呈船形环状分布，南北长约800余米，东西宽约500余米。寨东、北部为低山、丘陵；南部为山地；西部为河谷；中部为盆地，海拔约为300米—500米。寨里的房屋依山而建，土石、砖木、檐瓦建筑，结构严谨，错落有致，古朴自然。石板路平整铺砌，或曲或直，或上或下，纵横延伸。寨中庭院雅静，果木点缀，菜园星落，荷塘棋布。寨中良田数顷，夏季禾苗青葱，秋季稻谷飘香，冬春鹅鸭成群。真是"绿树村边合，青山郭外斜"，田园风光让人陶醉。

　　寨子东边偏北的地方有两个小山丘名叫玉皇山和飞山岭，在两山丘交接处有一古井，常年咕咕流淌着碗口大的一股清泉，泉水流泻汇聚成一汪清湖。人们都说这里是都罗寨双龙抢宝的"风水宝地"。井边有一片千年古树，其中有几十棵几个人都不能合抱的古枫，还有香楠、金弹子等珍贵树木三百余株。这片林中栖息着数十种鸟儿，平时群鸟啾鸣，泉水叮咚。尤其是春天，郁郁葱葱的古树，引来一群群鹭鸶前来筑巢栖身，鹭鸶在绿树枝头翻飞，形成一道独特的风景。来到这天然"氧吧"，嶙峋的古木，清新的空气，让人心旷神怡。

沿着村西往下前行约千米，有一名叫"乌龙过江"的山岭，沿山岭石板小路逶迤而下，向北直走就到了游螺江大峡谷。站在山岭半山腰观景台上，可观赏到大峡谷龙颈山至飞水洞一带的壮丽景观。游螺江大峡谷像一条巨龙自西向东蜿蜒奔腾，至"乌龙过江"山岭，水随山转，形成一个"八卦形"。这里谷深涧幽，峰险岭峻，石怪洞奇，崖悬壁峭，山清水秀，风光旖旎……

站在"观景台"极目往上游远眺，南岸道道山梁相连，其中最突显的山梁就是龙颈山。龙颈山岭峰险凸，像一条昂首的龙头。如果你有兴趣走到近处，就会发现还有一条长约30米、宽约3米、深约10米的壕沟。沟壁怪石嶙峋，荆竹丛生，其中在壕沟一端的道上有两块石壁夹道而立，岩上藤萝覆盖，形成一道天然"石门"。站在石门中举目仰望，天地一线。步出石门，向右拾道而上，便可登临"龙头"。"龙头"孤峰独鳌，视野开阔，此处赏峡谷风光，可谓"会当凌绝顶，一览众山小"。

站在"乌龙过江"观景台隔河相望，"笑佛迎宾""岗水洞"和"神龛岩"等犹如一幅幅山水画卷。"笑佛迎宾"是矗立在游螺江河边峭壁悬崖上的一块石壁，常年青葱翠绿，离河高约50米。石壁中呈现一尊天然佛像，笑态可掬。石壁顶端还屹立着一块奇石，形同手掌，手指历历在目，远观像笑佛在挥手，故取名"笑佛迎宾"。距"笑佛迎宾"东边不远处的悬崖中间，有一石洞，名"岗水洞"。洞口有青石护洞墙，藤蔓覆盖，远观隐隐绰绰，神秘莫测，一条瀑布哗哗飞泄而下。沿石洞翘出的奇峰顶部有一平台，平台上有一石头堡垒，奇峰边凿有一条宽尺余的栈道与山下河道相连，栈道险要处架木板通行。据进过此洞的人说，此洞深有500余米，宽高均约8米见方，分上中下三层：主洞为第一层，可容纳数百人，洞口外有一古老的护洞墙。第二层约400平方米，为贮藏粮食、物品的地方；第三层像牛鼻状，下与第二层相联，上直通达山顶。1949年前土匪曾藏身此洞，故又名"土匪洞"。距岗水洞约百米处悬崖最为险峻，形成上下垂直的一块大石屏，高达200余米。正中崖壁内凹，就像当地土家族人家堂屋正中的神龛，故名"神龛岩"。中央"神龛"一天然石佛端坐，周边有罗汉、云彩等图案，每当晨曦普照，常会出现七彩光环，佛光四射，称之为"神龛佛光"。

从乌龙过江观景台继续下行不远，便到游螺江峡谷底。乌龙过江山岭至此既像八卦的"蝌蚪"脑袋，又像巨大的龙头，沉入名曰"黑潭"的深潭中。"黑潭"位于神龛岩下，由乌龙过江山岭的阻挡被游螺江水冲击向北回旋而成，幽幽潭水，深不可测，每当神龛岩泛起佛光之时，佛光便会倒映潭中，烟波渺渺，云蒸霞蔚，甚为壮观。

游螺江水从峡谷流出，清流潺潺，漱玉飞花。沿河而下四五里，两岸青山绵延，峭壁林立，有的如乌龟，如龙蛇，如鲨蟹；有的似骆马，似狮象，似飞鸟。一路山光水色，鸣鸟啾啾，四时之景不同。"骆驼负水""通天瀑布""八仙过海""吊马桩""海螺石""飞水洞"，风景一处接连一处，美不胜收。

都罗寨瑰丽温馨的田园风景，峻峭旖旎的山水风光，不仅洋溢着自然的色彩和神韵，还孕育了丰富的地域文化和民族人文精神。这里有着几千年的历史，明朝洪武至宣德年间，都罗一带时有暴乱，便在村寨周围增设东、西、南、北4个寨门，18口护寨塘，成为湘黔边境一个军事要地。据《凤凰厅志》记载，清朝凤凰建厅后，都罗为"芦荻里"之一约，统辖现林峰、新场、茨岩、廖家桥4个乡镇交会的48个村寨，并逐步成为湘黔边境交通、军事、政治、文化重地。至今，依然可从这座千年古寨中遥想当年之恢宏。这里有明朝斩"龙颈"的神奇传说、岗水洞剿匪的历史故事、民俗非物质文化，以及战斗英雄、文化艺术和科技名人。

龙颈山"斩龙颈"的故事自古流传。据传故事发生在明朝初期，元末农民起义军战果被朱元璋独占后，一个名叫马啸天的将军不满朱元璋称帝，带着老母流落到都罗寨对门的马王塘田家寨子居住。据说他得到仙人指点，躲在游螺江黑潭北岸的"岗水洞"修炼神功，演习神箭，准备刺杀朱元璋，反抗明王朝的统治。历经三年苦练，择定六月初五五更动手。六月初五晚临睡时嘱咐母亲五更鸡鸣时叫醒他。母亲得到儿子吩咐后不敢怠慢，一直坐到快五更时，她准备去喝一口水解渴，可不小心碰翻了水缸边的半簸箕黄豆，引得家里和全村的鸡叫起来，将军一骨碌起床，便向北方射了一箭，但神箭射出后，方知搞错了，因为当时朱元璋还未坐朝。即便如此，他还是树起了反明大旗，自称"马王"，修筑工事，招兵买马，准备与明军决一死战。朱元璋第二天早朝，发现金銮殿龙椅被射了一支箭，心头一惊，便龙颜大怒，立刻召集文武百官商议，下旨诛灭反贼。精通星术的军师刘伯温掐指一算，便算出是马啸天所作。朱元璋料定"马王"绝非等闲之辈，便钦点刘伯温带领军马前往镇压。大军压境，"马王"虽然浴血奋战，但终因寡不敌众，义军战败，"马王"被抓往京城处斩。刘伯温堪舆这一带风水，发现游螺江南岸青山如黛，其中主峰似如蛟龙昂首，两棵野葡萄藤像龙的胡须，白天下垂山崖峡谷，晚上则伸直发亮，朝北跨过数百米深的游螺江大峡谷，直伸向马王塘寨子，形成双龙抢宝之势。此等出王侯将相的风水宝地，刘伯温马上下令召集民夫限期把主峰龙脉凿断，以保大明江山千秋永固。谁知，民夫们怎么也斩不断龙颈，也毁不掉那两棵野葡萄藤。因为当天挖开的地方第二天又全部长合了，当天砍断的野葡萄藤第二天又长好如初。

如此反复了几个月，众人万般无奈，就连神通广大的刘伯温也黔驴技穷了。一次，大家又辛苦忙活到月亮爬上山顶才收工，一位农夫把裹头帕忘在了山上，下到了山脚才想起，于是又折回山上去取。当他气喘嘘嘘爬上山顶，突然听见有说话声："哼，老子不怕你千凿万雕，只怕童子伢崽来胀腰！"民夫回去说了此奇怪的事，有人把此事报告刘伯温。刘伯温暗地叫人到当地掠来一个小男孩给弄死，然后葬在"龙颈山"的山腰上，从此被凿断的龙颈就再也愈合不了了，砍断的野葡萄藤再也没能再长出新枝芽，流了三年血水之后枯死了，"龙颈山"自此传名。

民国时期，凤凰境内连年兵匪猖獗。都罗寨游螺江大峡谷一带地势险要，溶洞众多，自然成为众多土匪安身藏匿之所。20世纪20年代初，都罗寨附近人形树村有个大富田老恩，笃信佛教，他见游螺江神龛岩一带环境优美，岗水洞胜似人间仙境，便在此兴建庙宇，修行出家。此事被腊尔山悍匪龙妹堂探知，便带手下田笑干等众匪，抢劫岗水洞，勒索田老恩一大笔钱财，还将其打得遍体鳞伤后逐出。从此龙妹堂、田笑干霸占了岗水洞做为匪巢，四处烧杀抢掠，无恶不作。1925年，湘西巡防军统领陈渠珍在与熊克武川军作战受挫后，为了稳定局势，在湘西剿匪安民，恢复壮大自己实力，以图东山再起。当时派团防局到岗水洞剿匪，匪首龙妹堂、田笑干凭着险要地势，拼死顽抗。团防军驻守乌龙过江、黑潭河滩一带，双方相持三月之久，多次进攻无法攻下。最终土匪趁着夜幕，从岗水洞口放绳索，沿河潜逃到两头羊。龙妹堂号称"三五八"，更加肆意妄为，横行一方，终在1927年被顾家齐部所歼灭。

1937年，湘西爆发了声势浩大的"屯革"运动，时局动荡，土匪日益嚣张。新场陆队长，外号"符火疤子"，带领几十名悍匪占住洞中，对都罗、土洞等周边地区进行抢劫、骚扰。1950年11月，在中国人民解放军47军139团副团长丁原昌的指挥下，对岗水洞土匪进行围剿。解放军占领乌龙过江山脊制高点，以附近屋场岭作为小钢炮火力发射点，以黑潭沙滩为前沿阵地，以马王塘周围为伏击圈，拉开战事。开始，解放军以小钢炮为掩护进行正面进攻，由于洞口有奇峰遮挡，炮弹无法击中洞口，加之道路险陡，几次进攻皆未成功。只得改变策略从山顶用绳索捆着人从上向下进攻，由于摸不清地形，在第三层洞口附近两位解放军战士光荣牺牲。后来用稻草打成捆，点燃从山顶往洞口滚，由于洞前平台狭小，火团均滚下了山崖，从而双方战斗进入相持局面。解放军以守为攻，晚上在下面河滩燃起篝火，把河谷照得通亮，使匪徒无法逃跑。在解放军和老百姓铜墙铁壁的包围中，同时展开心理攻坚战，极力宣扬"匪首必惩，协从不问，立功受奖"的政策，使得土匪匪心涣散，大部分土匪无心作战，纷纷向解放军投降，后来有几人还参加了抗美援朝战争。只有顽匪数人宁死不降，饿死或自杀于洞中，岗水洞战斗最终取得了胜利。

1950年，抗美援朝战争爆发。都罗寨有几名热血青年报名参加了志愿军奔赴前线，韩正富就是这批青年之一。他生于1930年9月。1949年4月13日，未满19岁的他参加解放军湘西剿匪。抗美援朝期间，他担任中国人民志愿军25军74师220团9连副排长，在训练和战斗中多次立功。1953年7月13日，在板门店谈判期间，为保卫前线军区首长光荣牺牲。毛泽东主席亲自为他的爱人洪元昌写了慰问信，信中说"你爱人韩正富在朝鲜战场上执行最后一次侦察任务中光荣牺牲了，在此对你全家表示诚挚慰问，并希望你将此件长期保存下去，以作永久纪念"。并颁发了以司令员陈毅、副司令员粟裕等五位领导人署名的烈士证，对这位英烈给予了高度评价。

吉首大学杨瑞仁教授在《传承与超越——白泥江与凤凰文学传统》中曾这样论述："白泥江是凤凰古城三大河之一（凤凰这边很小的河都以江命名，反映出凤凰文化心态的一种自傲和优越感）。这条江流经的几个乡镇，以土家族汉族居多，几乎没有苗族聚居区，在开化程度和文化程度上，要相对高些，出了很多作家，如沈从文、田星六、田名渝、韩棕树及新近很有名的田耳和女作家刘萧……也是熊希龄、刘祖春先生的祖居地。"这里提到的韩棕树、田耳两位作家都是地道的都罗人。

韩棕树，原名韩宗树，笔名寒流。中共党员。1964年高中毕业，曾先后在县剧团、县广播站、县文化馆从事编创工作，1984年起在州省级报社当记者、编辑，1993年调中国文化报驻湖南记者站任编辑部主任、记者站站长、主任记者。中国散文诗学会理事，中国乡土文学协会副会长。20世纪60年代开始发表作品。1999年加入中国作家协会。文学创作二级。著有长篇民间叙事诗《六月六》，长篇电视文学剧本《秋色沉重》，小说集《红杉树，我的红杉树》，散文集《一夜乡心》，诗歌集《鸟鸣枝头》，共出版作品6部。中篇小说《苗山悲歌》、散文《他是一颗星》，分获民族文学优等奖、中国文化报二等奖。

田耳，中国作家协会会员。1976年10月生。1995—1999年在湖南湘西电大读书。1999年开始写作，2000年开始发表作品，迄今已在《人民文学》《收获》《钟山》《芙蓉》《天涯》《大家》《青年文学》《联合文学》等杂志发表小说百余篇。主要作品有中短篇小说：《衣钵》《重叠影像》《姓田的树们》《一个人张灯结彩》《你痒吗》《郑子善供单》《坐摇椅的男人》《围猎》《狗日的狗》《远方来信》《环行线》《氮肥厂》等，中篇小说集有《一个人张灯结彩》，长篇小说《风蚀地带》《天体悬浮》等。曾就读于上海作家研究生班，曾获第十八届、二十届台湾联合文学新人奖，2006年获"湖南青年文学奖"。2007年凭借中篇小说《一个人张灯结彩》获第四届鲁迅文学奖及2007年度"人民文学奖"，成为史上最年轻的鲁迅文学奖得主。2016年2月，长篇小说《天体悬浮》获第12届华语文学传媒大奖"年度小说家"奖。短篇小说《金刚四拿》入选2015年中国当代文学最新作品排行榜，获第四届郁达夫小说奖短篇小说提名奖。现为广西大学驻校作家，江苏作家协会合同制作家。

　　另外，都罗还有主任医师、教授韩景光，现为湖南省外科学术带头人、省中西医结合外科学会副主任委员和湖南省神经外科学会委员，在医学上他以崇高的医德、精湛的医术引领着省医疗事业的发展；还有中国摄影家协会会员田连清、湖南省书法家协会会员杨晓明、杨通献和州美术家协会会员杨彪、韩景森；以及一大批民间艺人传承着"戏曲活化石之称"的傩堂戏和阳戏、龙灯、上堂歌，土家山歌……

都罗寨 2003 年被列为"历史文化村寨",中国首届"世界少年儿童社会状况调查夏令营活动"在此举办,并收入《湖南古镇》《凤凰旅游指南》《历史文化名城——凤凰》《中国凤凰》;2004 年 8 月被中央电视台《中华民族》栏目推崇为土家"寨子"典范;被《湘西往事》《战士》等大型电视连续剧选为拍摄基地。

最近几年来,随着西部开发和惠民政策的落实,都罗寨投入了大量资金加强道路和水利基础建设。乡道至都罗寨、都罗寨至大湾垅、都罗寨至毛苟塘总长 3500 米、宽 4.5 米的三条村级道路和环村道路长 1200 米、宽 4.5 米均已通车。都罗寨至游螺江等 4 条总长 5800 米、宽 4 米的机耕道已全部修通只待硬化。全村 217 户人家都饮上了从山涧引来的自来水,在村中对原有玉皇泉、青龙泉和八封井进行改造维修,并在此三座井上建了三座美丽的歇山式仿古风雨亭。车路的修通和饮水工程的兴建不仅改善了都罗寨村民的生活条件,还给都罗寨又增添了一道道靓丽的风景。目前,都罗寨正在进行"美丽乡村"建设,规划将都罗寨建成田园、山水旅游观光带和民俗文化艺术园,相信未来的都罗寨一定会成为凤凰村寨又一颗美丽璀璨的"明珠"。

新光——藏在土墙里的苗寨

吴兆娥

　　或许是土生土长的缘故，乡下苗寨老在我脑海回味，一听说有原生态保护完好的原始苗寨，我就会兴奋异常，那天早上尽管牛毛花针似的细雨纷纷下个不停，但始终淋湿不了我和好友去苗寨的热情。

　　我们去的这个苗寨叫新光苗寨，是山江镇的一个自然寨，位于凤凰古城西北10公里处的一个峡谷之中，是一个具有浓郁苗族生活气息的小山寨。这里保留着古老的苗家习俗,鲜丽夺目的苗族服饰,情调别致的拦门酒,风格独特的卡鼓、拦路歌、边边场会令你耳目一新,一出城心情就有点小激动。

刚过千工坪镇不远,好友指挥向左拐入一条两米多宽的乡村公路。公路的左侧,一排排梯田特别吸人眼球,田坎上正值四月野花野草疯长的季节,从车窗望去,绿油油的一片依山而上,此时的田坎像个熟睡的婴儿,任凭泼彩似的绿色绒毯厚厚地盖着,右边更是林荫庇护,车仿佛在深山老林里行走。山村公路像条肥大的蟒蛇蜿蜒盘旋通向谷底的小村寨,和大自然融为一体的那种惬意无法言喻。

突然,从不远处的青山里隐隐约约传来了唢呐声。我以为是我们遇上了人家接亲的队伍。当我们的车越来越近时,发现一对唢呐手并排站在寨子口的大树下,正鼓着腮帮使劲儿地对着我们吹。朋友透露了秘密,说为了迎接几个外地朋友特意安排的。话刚说完,噼里啪啦的爆竹声响了,一股股火药味随着缕缕燃放青烟弥漫在村口。正如梦如幻之际,不知从什么地方闪来八九个穿着苗族盛装的阿哥阿妹,他们手牵手在村口站成一根直线,我知道那是我们苗族的拦路歌开始了,他们的唱词大意是:

欢迎你来到我们苗家做客

我在青山绿水间等你,

我在花开烂漫时等你,

我在村口的大树下等你……

美丽动听的苗歌让我们激动万分,按苗族习俗,我们必须过一道山歌、一道苗鼓，喝一大碗甜酒才能随纯朴的苗家阿哥阿妹们步入苗寨。我虽然出生苗区，但很早就在外面，对于苗歌苗鼓我一窍不通，好友来兴促合着一首歌学一下擂鼓就这样勉强过关。

进入寨子，眼前的村落使我们惊呆了，时间仿佛倒退了几十年，全村的房屋还是以土墙房为主，土墙和石头墙原是凤凰苗族房屋建筑的基本方式，近些年这种建筑方式已经消失了，因此土墙房越来越少，一个村还保存着这样完整的土墙房实属罕见。一眼望去，挨挨挤挤的都是清一色土房子，土墙在细雨的沐浴下黄澄澄、湿漉漉的，带有木栓子的木门板大多都是虚掩着，豆腐块似的墨色瓦方方正正盖在土房子上，居然没有一

家房子是翻新的。一种古色古香的沧桑感真像是时空大穿越，穿越到了明朝或是清朝。这样的古苗寨我还是第一次见过，震撼之余更多的是好奇，于是迫不及特地想一个人走走拍拍，一览苗寨风情。但却被几个阿妹叫住了，说寨子虽不大，但是土墙小巷子又多又深容易迷路，万一遇见狗不安全，且手机没有信号。我们听了，只有乖乖地跟着她们穿寨走巷，热情好客的阿妹们边走边给我们介绍苗寨里的一些风俗习惯。

漫步苗寨小胡同巷子，我们发现寨子里特别安静，好多家的木门都是锁着的，外挂着一把六七十年代用的四方挂锁，有的甚至不用锁，而是用一个树杈别着就行。几个外地朋友感到奇怪，阿妹介绍说，我们这里没有小偷，"三六九派"出门一般都不需要上锁，除了"三六九派"的人才把大门锁着。"三六九派"？我们瞪大了眼睛，觉得此话怪怪的。阿妹看出我们新奇，哈哈大笑起来，"三六九派"啊是我们这里流行的说法，就是三八妇女，六一儿童，九九老人这些都是留守在这里的三六九。其他各大门派都在大城市大显身手去了。我们听着阿妹风趣幽默的解说，觉得蛮有味的。

快到晌午了，阿妹带我们去一农户家吃饭，刚到农家小院就闻到一股饭菜的清香。大叔大婶们正在忙忙碌碌地为我们准备午餐，几个苗家阿哥正在拆正屋大门的门板，拆好后两个人一起抬到小院里，用几张木凳子垫着，阿妹们赶忙用抹布抹干净，接着从屋里端出大盆大盆热腾腾的腊肉啊，土鸡啊，豆腐酸汤啊等等，都一一地摆在门板上，这就是苗家人最高的待遇"门板宴席"，馋得大家直流口水。

看见几个门板上摆着好多的饭菜、米酒及各种老少都能喝的饮料，几个外地朋友感到特别好奇，为什么饭菜不摆在桌子上呢？有个大叔赶忙来解释，这是我们苗家的门板宴，现在专门用来招待远方最尊贵的客人。在20世纪60年代时，门板宴是不用来招待客人的，而是招待请来帮忙干活的亲友和邻里，不需要付工钱的那种。宴席的最大特点是只讲实惠，不讲形式，大门板当桌，大瓦盆装菜，席不分上下，客不论长幼贵贱，不拘礼节不必客气，大碗喝酒，大块吃肉，因其方式为当地人民所喜闻乐见。现在请帮工要寄酬劳的，不再用门板当饭桌，但是为了迎接客人或者有红白喜事还是用门板宴宴请客人，使大家吃得开心，玩个尽兴，大家在一起轻松随便，活跃气氛。听了大叔的小典故，大家觉得苗家处处都散发着浓浓的生活气息。

酒席上，大家对酒当歌，相互帮忙夹菜，这个时候，如果有位苗家姑娘亲自为你夹块苗家腊肉，不管是肥的也好，瘦的也好，可能就是和你对上眼了，此时你千万不能推脱，一定要吃掉。如果推脱就是不尊重别人，看不起别人。一个道理，如果阿哥敬你的酒，你也要喝，要不也是对人家不敬。大家边吃边听大叔津津乐道地讲解，吃起肉来就更香，喝起酒来也就更来兴趣了。

大家吃得正欢时，突然听见外地朋友，"哎呦"地大叫一声，还没回过神来一看，我的妈呀！什么时候不小心被苗家姑娘用锅底灰抹成了大花猫了。接着一个，两个，大家的脸几乎都被抹上了黑黑的锅底灰，大家你看我，我看你，都忍不住地哈哈大笑起来。几个外地朋友开始东躲西藏，阿妹们没有放过他们，边抹边告诉他们，这是苗族抹锅底灰的风俗，烟锅灰抹在脸上越黑就是送给他们最美好的祝福，最吉祥的礼物，最丰厚的财富。大家一定要保留，回到自己的家才能洗掉。此时大家兴奋到了极点，惊叫声，笑声，歌声和在一起，此起彼伏，久久地回荡在农家小院的上空，宁静的苗寨沸腾起来了……

此时，漫步苗寨拐弯抹角的土墙小巷里才发现藏在土墙里的苗寨尘封已久，除了路边有花草的清香，还会闻到淡淡的牛羊屎的味道，我不想大声喧哗，只想用心静静地去品读，用情深深地去感受，用大脑轻轻地去破译，让所有凡尘琐事都被忘掉，幻想如新光苗寨的人一样过一种与日相依，与月做伴，与土墙生命力相惜的生活，让自己完全归于本土，彻底返璞归真……

德榜银匠村——
诵读古歌的银锤声

吴兆娥

　　千百年来回荡在大山深处叮叮当当的银锤声，这是蚩尤后代敲出的民族密码与文化符号一直随着迁移的脚步遗留在德榜苗寨。在湘西这里银匠是一项很神圣的职业，他们负责装扮这个民族的美丽，记录这个民族的历史，特别是德榜村这里的男人女人都心灵手巧传承着祖先古老的手工锻制银饰手艺，于是德榜苗寨成了远近闻名的银匠村。

　　德榜村位于湘西凤凰县禾库镇西北部，离凤凰古城54公里，是一个苗族聚居的核心地，全村2个自然寨，其中有54人专门从事银饰锻造，从清

朝开始就以手工制作为周边苗族群众加工银饰品，至今已传承7代人以上，其技艺独特，工艺精湛，整个流程保持手工锻打，是湘西最有影响力最有名气的锻银加工基地。

德榜村在2011年被评为"中国民间文化艺术之乡"，在2014年被州人民政府授牌为"非物质文化遗产传习所""苗族银饰锻造技艺生产性保护基地"。在2016年被评为"湖南省文化艺术之乡"；在2018年再次被州人民政府授牌为"非物质文化遗产传习所"。

德榜村不仅文化底蕴厚重，那活色生香清丽如初的田园美景更让人陶醉，村前清溪潺潺、明晃晃的稻花鱼水田一望无际；村后青山叠嶂，苍苍林木随山岭脉络蜿蜒数百里……

快到村口，一巨石独在马路的右边巍然矗立，村里的人都叫它平安的守望石，据说这块石头既能保护村寨老小的平安，

又是迎接远方客人的"巨人"。马路下的稻田成井字分布是稻花鱼的养殖基地，每当稻花飘香时节，稻花鱼就成为餐桌上的盛宴，人们在享受美餐之后会忍不住想起辛弃疾的小诗："明月别枝惊鹊，清风半夜鸣蝉，稻花香里说丰年，听取蛙声一片……"

进入村口，铛铛的银锤声有节奏地响起，德榜村多数以家庭小作坊锻打银饰为业，服务周边老百姓的需要，村里共有12家非物质文化遗产传习所，苗银锻造技艺第七代传人龙文松说，他的祖屋现已有近300年的历史，而他的爷爷就是在那间屋子里打造银饰。45岁的银匠龙先虎跟家人在这里经营着其中一家传习所，16岁跟着父亲龙吉堂学习银饰制作手艺；爱人吴珍爱，二姐夫龙加贵，二嫂石妹玉都是苗银制作能手。老银匠龙吉堂已经80多岁，龙玉春和龙建杨也为苗银锻造技艺的传承奉献

了大半辈子。

他们五天到禾库镇赶一次集摆摊卖银饰，生产生活中很多都要用到银器，尤其是冬季农闲时生意是最好的，苗族"无银不成婚"，特别是在苗族婚礼上，什么可以少，但是男方送给女方一套银饰是少不了的，结婚那天新娘必须穿上五彩的苗绣嫁衣佩戴男方给的一套银饰风风光光地出嫁，如果男方拿不出一套银饰那么这个婚就结不成，比如头饰、挂件、披肩、项圈等配齐差不多 150 两，一般家庭打小一点也要百把两，各种样式一样都不能少；其次送亲队伍的姑姑婶婶、年轻的姑娘们也要穿绣花的苗服、戴上斗笠大的头帕、挂上差不多重的一身银饰，一百多人随着唢呐吹吹打打去送亲，一路上银饰叮叮当当响，那场面壮观喜庆，热闹得不得了。苗族人戴银饰以大、以重、以多为美，从头到脚无处不饰，婚庆中形成了自己独特的银饰文化。

德榜银饰村里的人除了劳作还要挤出一切时间手工锻银，打银技艺是一种刻骨铭心、呕心沥血的文化积累与传承，他们用自己的双手和智慧赋予了银块生命力，一敲一打间都体现了对苗银文化的热爱。银匠的工作环境非常艰苦，经常要面对烟尘环绕，高温炙烤。银匠要学的工艺流程繁杂枯燥，如吹火、化银、锻打、焊接、酸洗、錾刻、雕花、抛光……几十道工序，承受下来的每一名优秀的银匠，无不是千锤百炼历练而成。

80 多岁的老银匠龙吉堂每天坚持如此，他说以前是为了谋生而锻打银饰，现在是为了热爱这门工艺而打，并教会很多徒弟，还说会坚持到最后一口气。一个保留完整的苗族银饰加工村承载着我们湘西民族的温度，只凭一双手，用最简单的工具，展现最精湛的工艺，打造最实用的必需品，带给我们健康的生活体验，这就是手工文化，是机械永远代替不了的。

其实，德榜银饰村的美不是为迎接谁而包装作秀的，那种小清新是自然而然的民俗风情和文化艺术内涵所在，很多高校的教授、田野调查的文化人、喜欢田园生活的人，接踵摩肩，从喧嚣的闹市寻幽而来，一旦叩开古老苗寨的寨门，那就不是为了看风景而看风景，而是想体验另一种荡涤尘心休闲减压的田园生活，是想了解湘西民族地域文化和手工传承的根基，就连很多"老外"也发现这个藏在深闺里的银饰村，也想亲耳听那诵读古歌的银锤声……

吊岩拾梦记

刘伟

吊岩村位于凤凰县水打田乡、林峰乡与麻阳县郭公坪乡交接处，距乡政府所在地 24 里、凤凰古城 58 里。因村寨背后屹立着悬吊的岩壁，故取名为吊岩村。该村于 1958 年建队，1983 年改为村，涵盖吊岩、马王冲、唐家溪、竹湾四个院落。这些寨子受地貌分割影响而棋布于群山之中，各自坐落于中间那块似马蹄的低矮处。全村大姓有唐、刘，次大姓有蒋、王，郭、莫、龙等为小姓，出产水稻、玉米、红薯等粮食作物，现在生活着 900 多人。

村庄里的生水垅为四村河发源地，终年溪水潺潺，生机勃勃，故名生水垅。四村河属于白泥江支

流，流经吊岩村、袍上村、天堂村和池坪村。一直以来四村河都没有统一而确切的名字，2016年6月，经吊岩村、袍上村等村民协商，才取名为四村河。吊岩村的鸡公山矗立于马王冲，山上有七处石景，像七只雄鸡，因而得名。这个野趣十足的名称，恰与群山环抱、高耸傲立的地形地貌相对应。

溪水流日夜，清泉润心田。吊岩人依赖着茂密的树林和山间的田地，世世代代半封闭地繁衍生息着，似乎成为一个被历史尘封的村寨，一个被岁月遗忘的角落。其实，吊岩村历来人文颇盛、民俗浓郁，隐藏着许多可供深入挖掘的"宝藏"。马蹄声在《遥远的山村》中记录了几个民间传说故事。

吊岩的由来上溯到女娲补天年代，传说女娲在补天时，有一块巨大的五彩石在溶炼中来不及化为岩浆就从天上掉了下来，这块巨石突然坠落在凤凰古城西南隅的一处山高林密之中，此处被后人叫着吊岩。

山鬼洞收藏着一个动人的爱情故事。传说古时候山寨里有一对生死相爱的青年男女，为反对族长规定寨民新婚的初夜权，女的不忍凌辱削发为尼上了非临庵。男的为忠于心爱的女人殉情自杀变成了山鬼，就在离非临庵百步之遥的洞穴里居住下来，日夜守望自己生死相许的人。

仙人壁是一道险峻的山崖，上有古藤罗缦，下有密林小溪，飞鸟号古木，人猿不可攀。传说很久以前，有一个砍樵汉子在山中砍樵，忽然深谷传来歌声和琴音，接着又飘来阵阵酒香。砍樵人爬上高树往深谷望去，只见八方神仙云集在悬崖之下抚琴弄剑、行歌猜令。砍樵人爬在树上看入了迷，直到金乌西坠玉蟾东起。

吊岩村流传着那么多的传说故事，编造出那么多的美丽故事，以致数百年来人们在油灯下、树荫下娓娓叙谈、津津乐道，绵延着各自家族的生命和精神。

如今，吊岩村的丰厚人文虽已逐渐被淡忘，自然风光也遭到破坏。但从现存的状态看，几十年前的吊岩村一定鸟语花香、林木葱茏。那傍依山麓的肥沃土地，背山临水的建筑格局，苍翠欲滴的茂密竹林……塑造出典型的湘西土家山寨风光。当年，受群山环抱、僻处一隅等地理条件限制，吊岩人只得凿井而饮，耕田而食，世世代代住的是土房茅棚，穿的是粗布衣衫，生活十分贫苦。

进入新世纪，年轻人大都不愿"子承父业"，不愿被束缚在几亩土地上，便开始走出去寻求致富奔小康的路子。现在村

寨内一栋栋楼房拔地而起，很好地见证了村民勇于开拓、敢于创业的艰辛历程。除新修的楼房之外，吊岩村唐家溪的古朴民居则是另一大看点。院落里清一色的木板黑瓦，明窗净几，枝枝叶叶，郁郁苍苍，还依稀能感受到曾经的繁盛和岁月的沧桑。每当夕阳西下，那苍茫的暮色，残留的余晖，澄明的气氛，总能净化心灵，使人来而忘忧。

　　吊岩村不仅有催人奋进的现代建筑，有保存完好的传统村落，还有岁月打磨的文化遗址，有盘山绕岭的军事堡垒。藏经阁、庵堂、关公殿、城墙塘等响亮的名字，无不彰显出厚重的历史文化底蕴。曾经的吊岩村每逢佳节聚会时，各种庆祝活动、家族仪式连绵不绝，楼阁、殿堂人来人往，热闹非凡。经声朗朗的阁楼、香烟缭绕的庙宇、庄严肃穆的殿堂……这些盛况至今仍清晰地留在40岁以上中年人的记忆之中。可惜这些寄托村民精神生活的古老建筑，在破旧立新、移风易俗的"文革"中被彻底拆毁推倒，已经荡然无存。村子周边远近上了年纪的人谈及传统建筑遭到破坏，总视为一大憾事，对曾经的情景禁不住留恋感怀。即便过往的游人伫立在这些遗址上，也会陡然添加几许深沉，使人追怀着前尘梦影和逝去的繁华。

　　吊岩村现在最值得称绝的遗址当属高3米、宽2米的石砌边墙。史书记载，吊岩村曾是凤凰通往麻阳的交通要道和守扼要地，一条东南可达麻阳老县城锦和镇，西北连通凤凰林峰、新场、阿拉的古驿道依寨而过。神秘的边墙遗址位于悬崖峭壁之上，呈长条形状拔地而起，绵延数公里。边墙周围有竹林和树木环绕掩映，巍然森森，苍苔斑剥，构成一道天然屏障。十

多年前，寻幽探险之人在荆棘丛生的城墙下发现残碑一块，碑上刻有"明朝嘉靖二十六年夏吉日立"字样。通过比照有关史料发现，修建于嘉靖二十六年（1547年）的吊岩边墙，较万历四十三年（1615年）所修苗疆边墙（今中国南方长城）还早了68年。该边墙与南方长城细腻的做工、用料的讲究完全不同。它主要以青石岩筑墙基，设有哨卡、烽火台、城门等防御系统。所用石块基本就地取材，信手拈来，虽然薄的薄、大的大、小的小，但好在当地人手艺较好，加上灌了灰浆，以致墙基不下沉、不断裂。即使历经几百年风吹雨打、人为破坏，仍然气宇轩昂，保留完好。如今，这段石砌边墙已成为苦难历史的见证和兵民智慧的结晶，也为后人研究城墙史、文化史、村落史提供了宝贵依据。

历史如过眼烟云，数百年匆匆而过。每当穿梭于被茂密竹林覆盖的石砌城墙，就犹如走进一条幽幽的文化长廊，品味到一种深沉的人文内涵。那些修筑于悬崖上的墙基、哨卡、烽火台、城门就是吊岩人精心绘就的历史长卷。这幅藏于深闺几百年的美丽画卷，期待着更多的人去品读、去探究，勤劳朴实的吊岩人期盼敞开胸怀喜迎八方来客。

池坪村，水边的村寨

刘　伟

我们先从一副对联说起：

花垣茶峒，一声鸡鸣惊三省。

凤凰水田，三冲水流汇一江。

这是一副令人拍案叫绝的对子，不仅对仗工整，而且讲出了不同地域的特征。上联讲的是花垣茶峒，现在的边城镇，为三省市交界之处，因沈从文先生的《边城》而闻名遐迩。下联讲的是水打田乡池坪村风光地貌。村前坪地上过去有一天然水池，故取名池坪。池坪村辖池坪、双江口、燕子岩、王山四个寨子。"三冲水"指的是吊岩溪（四村河）、水田溪、烂岩溪，三条支流汇入白泥江。

　　白泥江又名白岩江，此河两岸有许多石灰岩，下雨涨水时，河水冲击两岸的石灰岩，使水里呈现白色，因而得名白泥江。白泥江主要发源于阿拉镇天星村，流经新场、廖家桥、水打田等乡镇，最后由红星村竹子坳流入麻阳县境。在凤凰县境内长36.1公里，流域面积340.26平方公里，属于全县三大河流之一。

　　池坪村的民居背靠群山，临近河流，沿地势错落分布，相得益彰。因处于白泥江下游，而得地利之优势，自古以来为交通要道、汇聚之所。其便利、繁华主要体现在木材、渡口和水电站三个方面。1949年前，全县交通闭塞，林木经济价值不高，收入很少，只有两处可发展林木经济。一处是沱江沿岸可直接放木排至吉首河溪，另一处是白泥江沿岸木材可直接流至麻阳，经泸溪漂常德。因而这一带林业收入较高，其余地区即便有木材也只能闲置在崇山峻岭之中。

　　刘萧在短篇小说《忧郁村落》提道："袍上、天堂等以上

几个村每日都有村民将许多木材砍伐下来，或交购木材站或偷运至下游麻河卖高价。""滚滚木材就是滚滚财源，当地村民的鼠目寸光意识不到什么，上游有些村的林场都差不多砍光了。"

依托水利优势，池坪村的人力流动、物资流动频繁，随之出现的就是修建渡口。20世纪70年代以前，全县有许多处渡口，但能排上名的只有六大渡口，即沱江流域的过江坝渡、桥溪口渡、坪口渡、溪口渡、长宜哨渡和白泥江上的双江口渡。60年代后，对渡口进行整修，一律实行专人负责管理，渡口面貌焕然一新。池坪村的双江口渡成为进县城、下麻阳的必经之地，每天人来人往，好不热闹！1972年，在渡口处建成长66米、宽7米、高14米的六孔石拱桥，村民出行变得更加方便。渡口从此失去实用价值，逐渐成为历史古迹。

除了渡口之外，成为见证历史发展变化的还有水电站。20

世纪 50 年代末开始，我国各地积极发展小水电，以尽快解决广大农村及偏远地区的用电需求、缓解电力供需矛盾和改善农村生产生活条件。池坪村建有燕子岩、马库两座水电站，一个村建两座水电站，这在全县的村寨都是很少见的。较大的燕子岩水电站，建于 1959 年，单机容量 125 千瓦，共有 3 台发电机，如今还在运行发电。每逢雨季，洪水翻坝而出，形似瀑布，震耳欲聋，蔚为壮观。马库水电站位于双江口，因寨子处在水田溪、白泥江"两江"交汇口而得此名。只是后来人们的口误，而讹为今天的"山旮口"。马库水电站给人留下深刻印象的有三处，一个是进城的人坐在车上常会数山下电站的平房间数，可惜总数不清，也记不住。另一个则是水经渠道至发电机旁形成的巨大漩涡，人趴在栏杆往下看，常会感到头晕目眩、不敢久视。

不过，印象最深的还是在 80 年代双江口就有了路灯（电灯泡），而且通宵不灭，甚至白天也点着灯。外村人好奇地问："为什么这样浪费？"他们回答："修水电站占了不少田土，我们不用交电费！"2000 年，全县对小水电站直供区村寨进行农网改造和农电体制改革，撤销乡镇电管所，解聘乡镇电工，也建立了供电所，由公司直接供电到村。双江口村民不交电费或少交电费随之成为历史。

池坪村可圈可点的不光是历史遗迹，还有人文轶事。"左溪右江水去水又回，前山后山山在山自奇。"这副对联很好地描写了燕子岩的整体风貌。民国内阁总理熊希龄的祖居地就在燕子岩，其遗址至今留存于院落中。关于熊希龄的故事在此就不多介绍，因为相关书籍和文章已经很多了。这里介绍一下他与燕子岩的渊源。熊希龄祖籍江西丰城，曾祖熊朝简于乾隆年间当兵入伍，实现了按月领取银两的梦想。熊朝简去世后葬回燕子岩，其子熊士贵（熊希龄祖父）子承父业，后升为中级军官，生活日渐富裕，于是移居到凤凰古城文星街。熊希龄就出生在文星街的一家宅院中。

熊希龄出生于军旅之家，除曾祖、祖父、父亲熊兆祥外，堂兄弟及祖上也是军人，较有名气的是堂叔熊俊一家。《凤凰厅志（光绪志）》对熊俊给予高度评价，说"英气逼人，幼慧知书"（又高又帅，聪明博学），传尾给的评语是"俊以青衿少年，善绥军士，端谨有谋，虽壮志未酬，厥功固足多矣！"为便于阅读理解，现将《百年篁军》（王嘉荣著）中的一段文字摘录于此，以供参考。

熊俊（1837—1861），号逸山，凤凰水打田燕子岩人。熊俊幼慧知书，18岁考为武秀才。咸丰九年（1859），随田兴恕援宝庆，充当先锋，纵火攻坚击败太平军，记功拔千总。咸丰十年（1860）征黔，战龙溪、松坪、猴场，保守备。是年冬，田兴恕增募长胜营800人，熊俊任营官当前敌，破思南一碗水、江家寨等据点，解余庆城围，收复瓮安，获赏花翎，以都司先补。咸丰十一年（1861）春，入黔太平军联合苗族义军，进击平远。熊俊随周学桂往援，击败太平军于朱家场。太平军围毕节南关、梓潼阁，熊俊督军跟剿抵达南关，奋不顾身强攻太平军坚垒，左臂被斩断从容殉职，时年24岁。清廷追赠熊俊总兵，谥号勤勇。熊俊父亲熊廷勋，伯父熊士贵、熊士仁都在凤凰军中任职，咸丰初均战死于广西。

池坪村历史上以武闻名，如今则以文遐迩。燕子岩人向秀清14岁在《湖南文学》发表一篇2万字的小说《一张预分单》，轰动当时的湖南文坛，被著名作家周立波赏识，后被调入省作家协会，先后发表了《访越散记》《年迈》等多篇散文小说。与其同村的熊幽，80年代教书期间在文学刊物发表了《野人冲，

野人潭》《凤凰风姿》《熊希龄与祖居的久远传说》等小说、散文。90年代初调进凤凰广播站，1996年调州边城视听报社工作，现为州文研所副研究员、省作家协会会员。采写的通讯《土家苗寨的大恩人》《彭司令和他的穷朋友》等在《人民日报》《湖南日报》发表。1998年1月，登上北京人民大会堂主席团宣讲"扶贫司令"彭楚政先进事迹。近年来，创作了《黛狗二佬的世界》

《烧龙》《苗族四月八》等多篇有影响的散文，出版有《湘西的凤凰与麻雀》《岩上光阴》等散文集。

另一个佼佼者则是名噪一时的熊华。他于1977年10月出生，1984年进入水打田乡五林小学读书，五年级转入文昌阁小学就读。1996年8月，以优异成绩被清华大学录取，学习研究民用核工业，成为凤凰县第一个从本县中学跨入清华大学的学子。2000年，清华大学本科毕业，被分配到中国西安核工业分公司，后又获得核专业博士学位。2008年调入北京，先后供职于国防科工委核工业总公司、总装备部，成为高科技人才，为神州飞船上天贡献了力量。

除此之外，还有中国作家协会会员刘萧，她与本县的田耳、马蹄声、韩棕树一同成为省内外较有影响的作家。她80年代开始文学创作，先后在《民族文学》《青年文学》《花溪》等杂志上发表中、短篇小说，《河的儿子》入选《现当代小说选》，《一生牵挂》被收入《中国少数民族文学经典文库》。曾先后就读于北京鲁迅文学院专业创作班、湖南毛泽东文学院。出版了短篇小说集《忧郁村落》、长篇纪实文学《挺进美利坚》、文化旅游书籍《追书走凤凰》等多部著作。长篇小说《筸军之城》，以田兴恕、刘士奇、沈宏富、陈渠珍、顾家齐、龙云飞等历史人物为原型，塑造出匡嘎恩其、匡嘎惹巴、匡嘎云飞等众多生动鲜明的文学形象。《筸军之城》2015年被《长篇小说选刊》全篇选载，之后入围第九届茅盾文学奖参评作品；2017年，荣获中国少数民族作家学会文学奖。2018年，在《民族文学》发表《三生有幸》，小说以天堂村教师田代欢为原型，讲述了农村小学发展现状，塑造了认真负责的阿欢老师、智力平庸又积极上进的莫文才等人物形象。

俗话说："娇不娇看吊桥；美不美看秀水。"水边的乡村多半是清新的、灵动的。如今，池坪村人黄昏时总喜欢在白泥江边漫步，体味着流淌的时光和平静的岁月。的确，这里的历史遗迹令人追忆，乡村美景使人留恋，人物事迹也值得挖掘宣传。

美丽天堂

刘 伟

　　九月艳阳高照，村庄稻谷飘香，金黄灿烂的水稻，在阳光下泛着耀眼的光泽，让人心旷神怡。天堂村迎来了丰收的季节，沉甸甸的稻谷，装满了村民的箩筐，这是大自然给予村民的馈赠。这里风景如画，古朴的遗址、清澈的溪流、珍贵的名木、茂盛的榆林，将天堂村装点得格外漂亮而有生机活力。

　　俗话说："上有天堂，下有苏杭。"天堂是个美丽而神奇的地方，令人遐想与向往。现实中的天堂村却是一个美丽的村寨。这里的村民素有敬畏自然、崇尚自然的秉性。它位于水打田乡西北部，坐落于山间峡谷地带，因有一个寨子修建在天堂山上，所以得名天堂。全村辖土黄潭、烂泥山等 5 个自然寨，居住着222 户 870 人，属于土家族、汉族等多民族聚居区。

山阻水隔的天堂村，远离城市的喧哗，一如那润物无声的溪流，静守着岁月的浮尘，冲淡着世态炎凉。从凤凰古城出发，翻越南华山，过红星村、池坪村，再沿白泥江而上，经熊希龄祖居地燕子岩，行程共计 30 余里，便到了天堂村。进入村寨前会路过一处绝景，此地林深草幽，鸟鸣空谷，颇有一番野趣，使人感到清爽。若从空中俯瞰，山水环绕，溪流潺潺，特殊的地貌犹如阴阳八卦图，又宛如黄河的乾坤湾。它见证着天堂村历经的岁月沧桑，诉说着与自然、溪水有关的民间故事。

　　天堂村的莫恃黄曾为清朝时期松桃县令，其故居遗址石砌大门上高悬着一块匾额，上书"钜鹿世第"四个大字。从珍存的石砌大门和精致的雕刻纹饰中，隐约可寻其家族当年的鲜活风貌和昔日院落的昌盛。如今，他的真实故事早已湮没于历史的喧嚣之中，但留下来的有关传说故事却至今被人津津乐道。刘萧在《洞神莫恃黄》一文讲述道：

　　相传，莫恃黄的祖母去山坡上扯猪草，在茂密的麻叶丛中发现金子，由此发家致富。莫恃黄有爱洗澡的癖好，一天洗一两次，有时三四次。每次洗完澡，地上溅的全是水。丫鬟觉得奇怪，有一次偷偷往门缝里瞧，结果看到的是一条青背鲤鱼在澡盆里翻腾打滚。莫恃黄洗澡被人看见，顷刻间鲤鱼停止跳动，鱼鳞变色，眼睛失去光泽，最后化为人身，在痛苦中死去。后来，那个犯了大忌的丫鬟疯了，每天东游西逛，不停呓语，说莫恃黄是鲤鱼精变的，而且回到潭洞，成为洞神。疯了的丫鬟死于一个冬天，临死前高兴地说："莫恃黄要结婚了，召唤我去当佣人。"正是这天的前个早晨，邻村的少女结婚时从此路过，还未入洞房便死于一场暴病……从此，天堂村及周边村寨的人对村旁幽深的潭洞充满敬畏之心，甚至婚丧嫁娶也不敢在此吹吹打打、燃放鞭炮了。

生态决定心态，敬畏涵养生机。柔美的水不仅伴随着生命的始终，更滋养了世代生息的美好家园，使得村民与自然万物和谐共生。在天堂村里与洞神莫恃黄的故事同样广为流传的还有两句歌谣：

土黄潭，金子银子用冒完。烂泥山，牛屎巴巴齐屋檐。

土黄潭就是莫恃黄的出生地，因寨子是黄色土质，小河中有一深潭，故称土黄潭。"金子银子用冒完"，彰显了这个寨子往日的富裕程度。进入新时代，虽然金子银子消失了，土黄潭却保留有另一处宝藏。

2015年8月，省州林业专家来到土黄潭，惊讶地发现一棵生机盎然、硕果累累的野生竹柏。它生长在溪谷旁的悬崖下，胸径50厘米、树高17米。野生竹柏因叶形似竹、树皮似柏而得名，属于典型珍稀濒危树种，在湘西武陵山区仅有庭院栽培，一直没有野生记录。这是首次在湘西州境内发现野生竹柏，将竹柏以往记载的天然分布区域向北推移了2个纬度，对研究竹柏的分布和引种栽培具有较大价值。林业专家离开前，反复强调要注重生态环境，好好保护水质土壤，为野生竹柏创造良好生长环境。

离土黄潭不远的烂泥山是天堂村的另一个院落，院子前为泥田，后是大山，因此取名为烂泥山。寨子周边森林茂密，古树众多，尤其是参天蔽日、摇曳生姿的榆木林格外引人注目。现在很少有人知道这片榆木林曾经两次险遭破坏。一次是在90年代开发椪柑产业的浪潮中，一次是老板愿意出重金购买。面对利益和金钱的诱惑，村民们始终不为所动，牢记"山林是永恒主人"的古训，达成了禁止砍伐、违者严惩的共识。村民们还热心于其他寨子的人参与美化、绿化、亮化家园活动，栽种了不少樱花、桂花、紫薇等花草苗木。曾经"牛屎巴巴齐屋檐"

的烂泥山，现在不仅林木参天、满目苍翠，而且新居矗立、瓜果满枝。

　　山水相连永相亲，天人合一家园兴。敬畏自然、崇尚和谐的天堂村人，用古老的智慧营造出一方秀美奇观，让绿水青山变成了金山银山。村庄里的那些故事、歌谣、名木、森林、田园……向世人述说着村落绵延不绝的历史，净化着村民热爱自然的心灵。

苗寨板帕村

——一个充满仙气的古村落

黄绍群（沧海桑田）

从凤凰出发，沿千云公路向西而行，过下麻到春木坳这一段公路对门的那个村庄，便是我们的村子板帕苗寨———个充满仙气的古老村落！

停车因赏风景秀，险崖之上居苗家。凡是第一次经过这里的人都会忍不住停车驻足观望，只见淙淙的河流蜿蜒穿过，河流两边是一条两三百米深的大峡谷，峡谷两边是悬崖峭壁，两边峭壁上各有两个苗家村庄相对而望，站在下麻千云公路这边，你只能看到对面的板帕苗寨！

站在千云公路眺望板帕村，溪河两边悬崖峭壁，从河底到崖上先是缓缓短坡之上便是九十度角的直立峭壁，一直到崖顶的田埂。这悬崖之险、高，有传言为证，以前有人家不小心掉了一只鸡到崖下，找回来直接掏了内脏炒了吃，因为鸡毛都掉得一干二净。这话虽有些夸张，但板帕村前的那一排一千多米长的悬崖确也让你叹为观止。

悬崖之上便是庄稼、人家、村子和缓坡，以及一块平整的田地。如果是油菜花盛开的季节，你便可欣赏到：白云山下有人家，人家门前油菜花，油菜花开美如画的美景！

从下麻走千云公路，过八仙过海石拱桥往上前行，距春木

坳一百米的地方向左拐。顺此路弯曲往上前行，零落在路边是一些散户，到板帕村部后便是板帕苗寨。

进了村子，崖边自西向东连成一片三百多亩的水田，一丘连着一丘成斜梯状延伸到险崖之上，田上边是呈一字形排开的房屋，屋后是几座相连的高山。顺着村道往前行，走进板帕小巷，大概一百米的地方往左边下坡，再下几级石阶，便到板帕水井，这口百年老井常年井水流淌，从未间断，井水清澈甘甜，养育着祖祖辈辈的板帕苗家儿女。沿着村道小巷继续前行，走过苗家屋前，几个围坐在农家小院边做针线活边唠嗑的妇人会向你热情打招呼，偶尔从你对面窜过的家狗也会对你摇头摆尾。板帕全寨二百户人家，有一千多人口。以前村里的房子都是石板、泥砖垒起的土瓦房，后来国家改革开放，许多村民到外打工挣钱，旧房翻新，再加上国家的扶贫政策，村里基本上都是一幢幢小洋楼，偶尔剩下那么几个破瓦房也是破旧不堪，唯有村里的四坡楼因有人家居住还是保存完好。此房系清朝年间大户人家为看家护院所建，别于其他民居，此房屋顶有四个面四个角，因此叫四坡楼。墙面全部用石块垒起，坚固耐牢。分上下两层，上层楼上有六个小窗户，便于观察外面动静，楼上放值钱家当，楼下一门三窗，是家人起居之所，后来大户人家因事外迁，四方楼便空闲下来，在集体吃"大锅饭"时做大队粮仓，土改后私人买下当民居。远处的风景尽收眼底，虽不是泰山却有一览丛山小之势，在晴朗的天气，可看到贵州的梵净山。

村子里的房室依地形背东南朝西北而建，沿村道两旁成一字形而排，村头到村尾有一千多米长，像一条巨龙延伸在山崖之上，村子门前的悬崖边那一大片水田，清汪汪的连成一片，像一面天然的大镜子映衬着整个村庄。板帕虽然三面断崖，但天然泉眼却多不胜数，每当一场大雨过后，每一个泉眼的水都暴涨，经丘丘水田汇成河流冲向断崖，形成条条崖上瀑布，那一刻崖上的风景更是壮观。板帕没有外来水源，水田都是含天然矿物质的山泉水灌溉，所以板帕所产的农作物都是无污染的有机农产品。板帕村后的高山上是马尾松林，每到野生菌旺生的季节，马尾松林下生出的各种食用菌和初春时那一大片野生的竹笋便是大山给山民最大的恩赐。板帕林不阴田，田不夹地，无论站在哪一个角度，全景尽收眼底！

板帕屋后的那一排高山，从谷底到山顶有三百多米之高，站到山顶上四处眺望，四面，芷江……许多地方。但寨子里却极少人敢到这里走动，因为村里老一辈的人说，此山太高，别处的孤魂野鬼四处游荡，常在此高处聚集，眺望故乡。为防野鬼缠身，少去为妙。

板帕女人喜欢身着苗装，穿金戴银，婚前和婚后的服饰却各有不同，婚前的姑娘苗装花色鲜艳亮丽，衣服的领口上全绣满花；而婚后的少妇服饰则少有花边，只是象征性地订绣一些彩色织带。

板帕人热情好客，一般每家都酿有糯米酒，只要有客进家门便会端来一大碗，摆到桌上让你品尝，如果是正月，苗家烟熏腊肉便是待客主菜。抹锅灰是板帕苗寨最隆重的待客风俗，新姑爷上门迎亲，娘家的三大姑八大婶挥舞着沾满锅灰的双手，非要用锅灰把迎亲的小伙子满脸抹黑才罢休，而且抹得越黑越吉利，然后才能把正在哭嫁的新娘接走。哭嫁也是这里的一个风俗，是新娘子对娘家生活的留恋，是对双亲的感恩和不舍，更是对成家后美好生活的向往，哭得越厉害婚后的日子越美满！

板帕天然溶洞极多，因年代久远，被雨水冲涮，崩土淹盖，大多已被填没淹盖在岁月的流逝之中，但保存下来的仍然有三个。村里老人传言，这三个洞穴均有洞神镇守，没事绕着走，如进洞要言语谨慎，千万不能讲脏话，否则冒犯洞神，会被邪气缠身。因此这些山洞平时寨人不敢轻易进出。第一个是和尚洞，因洞内有石牛，洞水滴成的石梯田，像极了和尚造田，和尚洞由此而来。藏雾洞，洞中长年一汪清泉，顺崖流出，冬天泉水流出时带出气雾，因此而名。还有牧牛洞，这些洞穴天然形成，成年累月的洞水滴涮，洞中奇石异状，形态奇特。险崖之上，进洞路陡，是

一夫当关万夫莫开之地，以前的大户人家为避匪劫，经常把一些值钱的家当藏于洞中，极富探险意义和考古价值！

听寨里的老人们讲，在久远的年代，寨子这一片只是原始的山林，山上生长着许多报木树，最初在这里生活的客家人便以报木山为名，在此安居乐业。不知从什么时候开始，豹子营那边的苗王看上了这一块风水宝地，为防苗人入侵，报木山的客家人在营盘山上修环山沟壕，战墙（今天，环山沟壕，战墙的遗址还在）。在一次的打斗中，苗族的首领不幸重伤身亡，双方达成停战协议，饮血为盟，发誓和平共处，不再争斗，并

在农历四月八日这天汉苗两族的男女老少聚集在春木坳的黑老寨那里，握手言和，把酒言欢，过后落潮井周边的汉族人到豹子营那边生活，豹子营那边的苗家搬到落潮井周边的村庄，直到现在，豹子营那里还有三个苗家塘，而板帕村也还有个客家湾的地名，一个叫客家井的水井，一片叫客家田的水田。汉苗两族的子孙为纪念这个和平的日子，在每年农历四月八日这天，都会到春木坳的黑老寨聚集一起，载歌载舞，欢聚一堂，今天的四月八也因此而来。

最初从豹子营搬到板帕的是麻家祖先，勤劳的麻家祖先率众家小开山造田，男耕女织，代代相传。后来这一块风水宝地又先后搬来了龙家，石家，吴家，田家，李家，杨家，伍家，因此板帕村是一个多姓氏居住的大型苗家聚集山村！许多姑娘小伙婚娶的都是本村人，因此板帕大队都是一家亲。1949年后政府把报木山改名为

板帕。

因板帕三面环水断崖，只有西边唯——条山路可进村，地势险要，易守难攻。板帕在湘西土匪泛滥的年代，先祖们依此地形优势，不但保子孙平安，安居乐业，也保护邻村不受匪扰。当年春木坳的人被山江士匪龙云飞劫持还依仗板帕人相救，所以一直到现在春木坳人对板帕人都很感激，从不冒犯。那时许多外村人为躲避土匪的骚扰也搬到板帕，因此板帕人多心齐，热情正义，打抱不平，土匪闻风丧胆。当年湘西剿匪，不用剿的寨子便是板帕。

中华人民共和国成立后，在共产党的领导之下，板帕人继承先人的勤劳智慧，板帕妇女身着苗装，穿金戴银，能歌善舞，敲锣打鼓，绣花纺线织布，各式农家小吃更是她们的拿手绝活！板帕的苗家阿妹闲时常坐在断崖上放开嗓子唱着一首又一首的苗歌，听得对面下麻那边的砍柴阿哥忘记了砍柴。直到今天，留守的部分板帕人仍然在家乡的土地上辛勤劳作，并响应党的号召，推进种养结合的生态农业，每家每户都家养土猪、土鸡、土鸭、牛、羊。老头们挑粪浇园，种植水稻、油菜等一些农作物，就算自家吃不完也闲不住；心灵手巧的老妇人农闲之余便经常在家里捣鼓些酸辣子、水豆豉、酸菜……各种农家小吃，如果你感兴趣来此一游，热情的板帕人一定会拿出来与你一起分享，板帕已成为现代大型农产品供应市场。

当然，说板帕是一个充满仙气的古村落，还是源自板帕山脚下那八座相连的山峰，八仙过海的传说。

传说在很久很久以前，板帕山下有一个猪笼门，猪笼门住着一个老龙婆，老龙婆一到晚上都会点亮一盏龙灯，她每个夜晚在龙灯下做针线活，到很晚才休息，龙灯照亮她自己也照亮了整个峡谷的水面。一天晚上，八个不知名的神仙从北往南过大江，要到龙塘河和众仙会师，刚到乌巢河时，突然狂风大作风雨交加，风吹龙灯左右摆动，做不了针线活，猪笼门的老龙婆只好熄灯睡觉，因没有龙灯照亮仙路，八仙到三叉路口时不知该行往何方，便先在路口休息，待天亮路现再前行，可他们长途跋涉，满身疲惫，一觉醒来已是响午时分，错过了时辰，回不了仙身，变成八座相连的仙山，静立在猪笼门下的三叉路口，八仙过海因此而得名。当然，这只是许多关于八仙过海传说中的一个版本。是真是假，后人不得而知，但这些动听的神话传说说到底是给耸立在这里的八座山峰披上了神秘的面纱。据说只要到八仙过海的河水里沐浴完毕，再爬到板帕山上高处四面眺望，灵魂便得到净化，事顺心顺，好运连连。遗憾的是传说毕竟只是传说，无法考证！

板帕既像一个经历了许多故事的少妇一样值得你去解读，又像一个婀娜多姿的少女一样期待着你的追求，这是一片从未被发现和开垦的处女地，在默默等待着你的到来！

探秘八仙过海，走进八仙过海山上一个充满仙气的古村落，板帕苗寨。无论你来与不来，这八座仙山仍然在静立，这条河水还在流淌，河边的峡谷依然神秘，还有一个古老的苗家村庄在守望………

新场，有个村子叫白泥

唐永琼

放下你手中的忙碌，远离城市的喧嚣，今天，我想带你去看看凤凰西北角新场镇的那个秀美小山村，白泥村。

白泥村不是很大，整个村围绕村中的白泥水库而建，全村总共 280 户人家，老老小小 1330 个人。

听白泥村村长杨再银介绍说，这里的村民是从江西搬迁过来的，起先，他们日出而作，日落而息，在这里开荒拓地、刀耕火种、辛勤劳作、养殖牲口，后来觉得这里各种物理条件都适合生活、生产，所以一住就延续至今。

在白泥村里行走，心里始终有些纳闷，在村子里转了一大圈，怎么也没看见白色的泥巴？为什么这个村子叫白泥村？而不叫黄泥村或者红泥村呢？带着问题，我还是去问一问白泥村杨再银村长，这一问，村长跟我讲了一个我还不知道的故事，说那还是苦日子的时候，这里的村民缺粮少吃，由于饥饿，山上的野菜、野果全都成为村民充饥的粮食，有一次一个村民在白泥塘里挖出一种黏软白色的泥巴，并带回了家和着山上挖回的野菜、摘回的救兵粮一起煮熟，觉得酥软香甜，这一消息一传出去，村里的村民都来挖白泥巴充饥，村长说当时白泥塘的白泥救活了很多村民，帮助这里的村民度过了饥荒年代。但是这种白泥虽能填饱肚子，但是吃多了就拉不出大便，很多村民

为此而痛苦忐忑，从此村民再也不敢食用这种白泥，因为村民们知道其中的后果。不管是与是非与非，出于感恩，村里的老人认为这就是济世观音对村民的恩惠，所以这里的村民把这种白泥叫做观音土；再后来，村里的长者为了感谢天赐的白泥，也为了让村里后来者及子子孙孙记住白泥塘的白泥，从此这个村子就叫白泥村。

到了现在，村长告诉我白泥塘白泥可是个宝，这种白泥巴可用来烧制陶器、碗、碟、观赏花瓶等。还有白泥塘上方有一口白泥井，这口井水四季水源丰盈，流进白泥塘可供整个白泥村的农田灌溉，真可谓一方水土养一方人。

白泥村这里的石头应该是含碳酸钙的石头，质地坚硬而且不容易风化，村里到处可见这种青石板，村民说这种青石板有很多用处，可砌墙、可铺路、可雕刻、可烧制石灰，还可以用来盖房顶。

在这个季节，穿行于白泥村中可是一件很快乐的事，你看一条整整洁洁的石板路、一堵弯弯曲曲的石头围墙，还有那些散建在村中的石头房子，青瓦片，石头墙，村里村外挺拔青翠的大树，呵呵，如果能在这样的小村庄里生活，闲时看看书、聊聊天，或者敲击键盘岂不是一件美事？当然若能待在这样一个幽静幽美的地方晒晒太阳，喝一杯白泥甘甜的矿泉水，我想你肯定没有理由心情不好，你根本就没有时间去想那些扰心的烦恼事，因为，此时春天的白泥处处都是美景，处处都写着与城市里不一样的快乐。

在这样的天气里，不管你行走在村子的什么地方，也不管你走进村子哪一个院落，我想白泥村给你第一感觉就是这里的农家小院独有的安静、惬意、快乐。

舒舒爽爽的视界，轻轻松松的心情。

我顺着石板路一路愉快前行，在一个转角处遇见一个别致的小院，这家小院干净且充满了生活气息，但见院子角落一个石板做的水缸，里面一缸清冽冽的山泉水，一把舀水的瓢，心里正想这是一个多么温馨的家园啊，可能院子里的大姐看见了我，很热情地招呼我进院子里坐坐。

呵呵，大姐正在水缸边搓衣服呢，大姐告诉我说，现在家家都有自来水，洗衣服，洗菜很方便，不像以前天寒冰冻时还要踩着滑溜溜的冰雪去挑水，一不小心就会摔个鼻肿脸青，更有甚者还会骨折腿伤，现在放心了，家里什么都有，冰箱，摩托，她高兴地对我说坐在家里也能看见新闻和外面的世界，看着她幸福、满足的表情，我的心里很快乐，大姐的眼睛也笑成一弯月。

门口一把立起的竹扫把，大姐说已用过很多年了，不管天晴还是下雨，大姐说她都用这把竹扫把将院子里打扫得干干净净，她很开心地告诉我只有院子干干净净了孩子们放学后才有个好的环境读书、写字。

一个石头门框，大姐说一家人早出晚归的平平安安，孩子爸在家种好庄稼，孩子们在外工作的工作，读书的读书，最高兴的是每次孩子们回家时自己心里就很欢喜，因为孩子们惦记她呢，我说是大姐和大哥对孩子们教育得好，大姐低着头幸福地说是孩子们自己懂事。

我笑着对大姐说："多么温暖的一家人，多么幸福的一家人，原来是家里有一个勤劳持家的好女人。"

大姐对着我点点头，幸福地望着她家的石头门框。

一只悠闲自在的大公鸡在院子下面的草丛里转来转去，似乎它也正享受着这美好的春光。

石头院子里一切都具有农家独有的特点，一切都让你感觉到一个家的温馨。

屋内的光线不是很好，但我看见简单的灶屋里整整齐齐、干干净净，一块白色的抹布挂在筷子箩箩旁边，锅铲锃亮，三个锅盖盖在白色的瓷砖灶台上，灶台前整齐堆放着砍好成段的柴火，一排木椅子靠着墙边摆着……

多么温暖的一个小家，多么朴实的大姐，这种快乐的感觉让你走后不会忘记勤劳的白泥人，也不会忘记那些为了白泥明天跟大姐一样辛勤付出的好妻子、好母亲。

在白泥村行走时遇见一个小妞妞，超萌，她扎几个冲天炮的小辫，穿一件白底小红点的围衣，模样儿挺可爱。

别看山里的小妞，她也享有着山寨里独有的快乐，一朵小花、一棵小草、一块石子、一坨土坷垃、一只蹦跳的小狗狗以及几只小溪边摆尾的水鸭，妞妞告诉我那些都是她最好的朋友。

为了与小妞妞套近乎，故意与她在院子里躲躲猫猫逗她乐，就这样几分钟我就成了她的好朋友，我问她什么时候去上幼儿园，她瞪大眼睛很高兴地告诉我长大就去幼儿园读书，她还轻轻地对我说妈妈说要妞妞读书，考大学，长大就可以去看北京天安门、大火车、大飞机还有大轮船。

我很高兴地摸摸妞妞的冲天小辫，她很亲昵地靠着我，说等她长大还要给爷爷、奶奶买小白兔奶糖吃，给爸爸、妈妈买小汽车，说完还给我唱了首歌："小小鸭子嘎嘎 …… 嘎嘎嘎 …… "

看着快乐的妞妞，听着她稚嫩的声音，心中全是快乐，心中全是期待。

小妞屋后，青青翠翠的山；小妞房前是白泥水库，在水库的周边，一梯梯田，那里油菜花开，阳光下一片金色的大地。

春天本来就是生机盎然的。

白泥一切都是欣欣然，庄稼、田野处处都是新新然。

在凤凰岭脚下有这么一个美丽的石头建筑群，绿树掩映下的房子足可以让你眼前一亮，石头围墙爬满青翠新绿的爬山虎，叶片很密集，一阵微风吹过，发出"沙啦啦……沙啦啦……"的响声，屋前几声鸡鸣，田间几声哇叫，田坎上些许花香，布谷鸟在林中告诉你："多种苞谷……多种 …… 苞谷 …… " 春耕正当忙。

这里的山美、水美、人杰地灵，村长说这里的学子遍天下，清华北大有周姓华胜老师的三个儿女，各个部门都有白泥村的人，他们爱家乡白泥，因为他们身上都写着白泥人的勤劳、善良和奋发有为。

这里梁子上至今还保存有古老的防御城墙，那蜿蜒高高的城墙还唱着悠悠的歌。

听村长说在很久以前，梁子上曾是个连土匪都不敢来犯的地方，这里防御墙很高，而且从梁子上出去全凭一长架子木梯，可谓易守难攻。尽管如此，还是有来犯的土匪想攻夺这里，在一个风清月白的秋天，有一帮土匪趁夜想攻夺梁子，被守城的村民打伤，土匪背离梁子上不到 200 米气断身亡，从此就再也没有土匪来犯，自然村民也过上了安宁幸福的生活。

今天站在这里，看着眼前的防御墙遗迹，或许，在今天幸福的梁子上你能想象得出以前梁子上村民生活的景象。

在春天的白泥村，无论哪一处都是美景，无论什么地方都写满生机。

你看那一家家在绿树掩映下的青石瓦片房，一条曲折蜿蜒的石板路，那些石板路边的一汪汪水田，从三月油菜花开到四月的油菜结籽，你看田地里的油菜秆被油菜籽压得弯下了腰，油菜一荚一荚鼓嘟嘟的、胀胀的，我知道今年白泥村村民的油菜丰收了。

虽然突然下起了毛毛雨，但一路清新的泥土气息、一路小野花的芳香也能让你陶醉在这乡间小路上，让你愿意为这白泥的春而停留你的脚步，在春雨里为猛长的庄稼而怡情、为满山遍野的小花儿而写意。

在白泥井的水田边我遇见了一个正在刨水沟的老大哥，头戴着斗笠，正把那水田用一条长沟隔成几块长方形，出于好奇就走过去与老大哥打起了招呼。

"大哥，您好，请问您这是……"我笑着问老大哥。

"这不春耕到来，掏行种旱秧呢。"老大哥听见我叫他停下手中的锄头笑着说。

"旱秧？我们这里也能种旱秧？"我不解地问。

"是啊，可以种旱秧，把谷种播入土中，盖上塑料膜，让谷种有足够的温度、适合的水分和适度的空气，利于谷种发芽，等秧苗长到一定长度时就可以拔出来栽种在水田里了，管理好禾苗我们就等秋季收割了……"大哥高兴地对我说。

"呵呵，大哥是种稻子的能手哦！"我笑着说。

"哈哈，也不算，你看我们村里还有许多人种烤烟呢，你看那边一行行盖上薄膜的田里就是，现在我们村里还种植了桑葚呢……"

蹲在田坎边与老大哥聊了一会儿，告别老大哥继续着我的白泥之行。

在之前听村长杨再银说过白泥村正在筹备产业推动大会，看来村民们对村长是十分支持的。

四月的雨突然下个不停，四月的白泥真的很美，山坡上的黄妮子花开了，金黄金黄的、翠绿的叶片，红红的花蕊，行走在这样的青石板路上心情自然悠哉、美哉。

小雨霏霏，小雨霏霏。

空气里一串串黄妮子花风中散发着湿湿、淡淡的香气，一朵朵花儿娇嫩蛋黄，一颗颗雨珠珍珠一样，我的心也像这些春雨中怒放的花儿一样幸福着，快乐、安静着。

山间弯弯扭扭的青石板路，路边湿漉漉美丽的花儿，一山坡高高大大的松树，风儿吹过，"沙啦 … 啦啦 …… "一滴滴水珠儿飞落在你的额头、鼻尖、睫毛上、手心里，你这时候心情应该很美丽，因为你走在如诗的春天里，因为你身处如画的白泥村。

与一朵小野花为朋友，与一棵小草交交心，听风过森林后的美妙旋律，看村庄、田地里的春光唯美，一群白鹅、一群雨中飞过的鸟儿、一片蛙声、一群在村边小路上嬉戏的小孩 ……

美丽的村庄，美丽的白泥。

小时候听老爸说过黄妮子花开后，就不会再冷了，天气会逐渐暖和，我想有了村长杨再银带动村民产业推动，白泥村的明天也会像这山野黄妮子花开，村民的将来会一天更比一天好。

踏青在四月的雨中，寻美四月的白泥。

在离开白泥村的时候，村长杨再银说欢迎下次再来看看白泥村，在读懂白泥村文化的同时还可以去白泥岗看看峡谷里的自然风光，或者还可以一品山中的美味，桑葚。

白泥村植被很好，村周围山上长满高大的松树，村长杨再银告诉我他有一个很大的计划，就是在村后的南泥水库那端修一条农业观光带直通南方长城，到那时白泥出去打工的村民应该可以回来经营自己的家乡，也相信那时候的白泥村能够走出大山、走出凤凰，成为天下的白泥。

　　挥手告别时我高兴地对村长说："一定，到了那一天，我一定再来白泥走一走，再来白泥坐坐，看看村子里人们忙忙碌碌的身影，或者看看来白泥村的客人甜蜜陶醉的笑，我也会为您感到欣慰，加油！"

　　离开白泥村回家的路上，我一直想，白泥村有了干劲冲天的村长和村民的努力，再加上县委县政府有关领导的关心和支持，有一天会有更多的人知道在新场，有个村子叫白泥。

野鸡寨

唐永琼

沿沱江河一直往下走，快到官庄村时，在凤凰到铜仁的高速公路桥下有个小村子，听同行的老师们说这里就是人们常说的野鸡寨。

四月的天气很调皮，空中下着毛毛细雨，驱车在这两旁青翠的山间公路上，心情舒爽，微风、小雨、绿树、野花，一切都是那么美好，一切都因这美好自由而自在。

远方的山峦绿叶滴翠、云雾缭绕，近处的小草绿油油，小花湿漉漉。

走进野鸡寨的路是一条山间的毛毛路，脚踩在雨水洗刷后的小石子上，脚下发出："哗哗 …… 哗哗哗 …… "的声音，耳边呼呼的风，林子里杜鹃鸟几声："桂桂红 …… 桂桂红 …… " 加上空气中幽幽的花香，确实让人感觉不一样，大自然给予人们的的确能怡情懈意。

在我们走进野鸡寨的一条弯弯扭扭田坎路边，一蓬蓬鸭脚板长势喜人。一树树鼓嘟嘟的枇杷让人心动，仿佛站在枇杷树下就能闻到枇杷果熟时的香甜，闭上眼睛就能看见枇杷树上数日后一串串金黄甜蜜蜜的枇杷果。

上了一级一级的红石板台阶，可以发现其实野鸡寨已经很久没有人在这儿居住了，寨子里空空的，空空的街巷，空空的房屋，但是在这样的寨子里行走，不会有车水马龙的喧嚣，也没有穿流拥挤的人群，我不知道寨子里那些人都搬去哪里住了，眼前唯有那一条条街巷，一步步台阶，一户户红墙瓦片屋静静地守护着整个寨子。

曲径通幽，树林掩映的野鸡寨雨中着实清雅脱俗，一颗小水珠、一朵挂着水珠的月月红、一根横挂在两棵树叉的晾衣竹竿，等等，都是一道不可多有的美景。

我不知道，寨子里的人们为什么离开寨子，但又想或许有一天，野鸡寨的那些居民还会回到这里居住；或许，他们在别的地方安了家从此不会再回来。

此情此景，心中突然百味齐生，看着这一切，不知道是该高兴还是心生忧伤。此刻，仿佛闭上眼脑海里还能想象出当年寨子里的人们来来往往的景象。

比如那些从家里搬出木椅子坐在街巷里敲着烟袋摆龙门阵的阿公们，神情飞扬地说着他们野鸡寨的故事，说说野鸡寨的野鸡，说说他们的儿子、他们的孙儿，说着野鸡寨的昨天、明天；或许他们多年后还会说到有我们这一帮游走野鸡寨的客人。

虽然时过境迁，但在这样空无人烟的寨子里穿行，我的心里还想着这里的过去。

我想原来寨子里的人还没离开的时候，想象一下应该还会有那些悠闲地坐在院子里的老阿婆，一边拿着竹喧嚓一边吆喝着："岩鹰、岩鹰，哇 … 嘿 … 嘿… 冒来叼我鸡仔仔；岩鹰、岩鹰，打 … 团 … 团 … 捉到鸡仔飞不上天你就会香油盐 ……"

遐想，野鸡寨所有的过去我觉得应该是很美的，从这里一砖一瓦、一草一木、那些木制门窗还能看得出。

那个时候一定还有那些依在吊脚楼一边绣着花帕一边唱着情歌的阿丫，歌声飞出吊脚楼，歌声飞出大山。应声而来的一定还有那吊脚楼下吹着木叶的阿哥，一曲、一调就能唱得山花儿开，唱得蝴蝶儿舞，唱得月儿圆。

那情、那景、那人、那事，应该在野鸡寨的过去里，在那些曾在野鸡寨生活过的人们的心里。

如今的野鸡寨没有了当时的喧嚣，没有了当时的热闹，一切都安安静静，一切都可以任你打开心门自由自在地想象，或许还可以随你漫无边际地在大自然里肆意疯狂。

我们眼前的这些风景，安静且充满美丽，诗意且泻着沧桑。

雨，还在不停地下，我同几个

诗友还在野鸡寨里逗留着，我想野鸡寨的人离开是有原因的，或许将来有一天他们会再回到野鸡寨，这里将像从前一样炊烟袅袅，像从前一样街巷热闹，鸡鸣，犬吠，老人、小孩乐呵呵地笑，一切都那么自由自在，一切都跟原来一样美好。山中野鸡："咽咽……"叫，暮笛悠扬，牛羊满山坡。

　　关于野鸡寨，心里想得很多，我想当年这里肯定是野鸡的家园，今天行走在这里，说真的，心里总希望能在这样的雨天能看见一只从树丛里飞过来的野鸡，一睹野鸡飞翔时的魅力，一睹野鸡七彩羽毛在绿林中独有的美丽。

　　野鸡寨，一个荒落的寨子；野鸡寨，一个让人期待的寨子。

　　我们暂且不管野鸡寨有什么样的故事，不管野鸡寨有过什么样的经历，也不管将来野鸡寨去向如何，今天我想到的是用

我的文字、图片记录她现存的模样，让野鸡寨的美永恒，让野鸡寨永远存在我们的记忆里。或许，就像同行的姚军老师说过的那句话：野鸡寨没有大的河流，唯有一条叮叮当当的小溪穿寨而过。

一座"王城"的前世今生
——凤凰县古村落化眉村走笔

在湖南省凤凰县阿拉营镇化眉村五、六组的一个小山顶上，有一处明清军事遗址，史称亭子关城堡，民间又称"王城"，据考证，这是中国南方长城的起点。

一

武陵巍巍，云贵绵绵。

湘西，地处湘黔边境，素来被称为"滇黔门户，黔楚咽喉"。明清年间，从贵州铜仁府的滑石营进入湖南凤凰厅的王会营必经一处边关——亭子关。

史书记载，亭子关始建于明万历四十三年（公元1615年），城墙高一丈五尺，墙顶宽三尺，厚五尺，占地面积6359平方米，设东、西、南、北四门，炮台三座，关门一座……

从地势上看，亭子关依山而筑，临河而建，扼水陆之要津，踞龙虎之要塞，突兀于万山之巅，固守于湘黔之境。站在关上放眼望去，只见山麓的呼拉堰河水缓缓流动，旧时官道依稀从脚下延伸，两省村寨星罗棋布，往来动静尽收眼底。

对本地历史文化有一定研究的村民龙文榜说，清嘉庆年间，亭子关守将官职是守备，姓夏，名字不详。另外还有一个花领和一个蓝领辅佐之，花领姓王，茨岩官寨人；蓝领姓名人氏不详，屯兵500余人。

"听老一辈人讲，古时候，我们湖南人要到贵州去或者贵州人要进入湖南，都得从这里经过，院子坡（亭子关脚下一个小地名）里每天都有大几百人等待放行。"化眉村5组村民李祖清回忆道。

李祖清今年85岁，是村里为数为多的几位长者。他说，以前亭子关有"五营四哨"等建筑。"五营"除了屯上的亭子关城堡外，还有四营分别是关子脑、油房喇、炮楼坡和营盘坡，这四座营盘以亭子关城堡为中心，以西南为重点防御对象。"四哨"分布在四营之中，像四只眼睛一样，监视着周围的动静，护卫屯上的亭子关城堡。龙

文榜说，亭子关除了进出城堡的关门外，山麓的村子里还有总台门和西福门（又称水福门）两座寨门，李家弄、滕家弄等街巷。村支书田华说还有一座寨门，原址位于6组村民莫长兴家附近。

居住在亭子关下的滕建青老人回忆说，亭子关分为屯上、店上和院子垅。以前，山顶的屯上驻军，山脚的店上经营布匹、煤油、盐巴等生活用品和住宿，山坳的院子垅居住老百姓。院子垅里有个百日场，周边百姓都来赶场，据说一天要卖掉36头猪肉，军队整装进发必从西福门经过。

......

凤凰县文物局相关资料显示，化眉村除了上述军事遗址外，还有化眉屯、路边碉、岩上碉、大坡脑关卡、桥垅坳和岩屋堂关卡等，它们按照一种极其精密的规划部署在亭子关周围，共同拱卫着这座边境城堡，组成苗疆边墙起点完整的军事防御小体系。

二

"考苗疆边墙旧址，自亭子关起，东北绕浪中江，至盛华哨（今胜花）……"，清人严如熤在《苗防备览》里写道。

说到苗疆边墙，就不得不说一个民族——苗族。

苗族是一个古老的民族。在中国古代典籍中，早就有关于五千多年前苗族先民的记载。苗族的先祖可追溯到原始社会时期活跃于中原地区的蚩尤部落。商周时期，苗族先民便开始在长江中下游从事农业稻作。苗族族称最早见于甲骨文中。唐宋以前，曾有"三苗""南蛮""荆蛮""五陵蛮"等称呼，这些称呼把苗和其他族称混同在一起。宋以后，苗才从若干混称的"蛮"中脱离出来，作为单一的民族名称。

苗族是个文化悠久的民族。远古时期，苗族祖先就率族人开掘葛卢山铜矿，研制发明了剑刀矛戟大弩等兵器，并创制了刑法和宗教。

一部苗族史就是一个民族不断迁徙、生存发展的历史。《苗族迁徙古歌》这样唱道：

带着谷种上来，
带着粟子上来。
女的拖儿带女，
男的牵子携孙，
拉着纤绳从险滩急流跋涉上来，
拽着野藤从悬崖绝壁攀爬上来。

踩倒丛生的芦苇从水城上来，

踏平密布的荆棘从陆地上来……"

苗族历史上先后经历了五次大迁徙，从东到西，从北到南，从中华大地到五湖四海。如今，国内湘、黔、川、滇等省都有苗族聚居，国外近到老挝缅甸泰国等东南亚地区，远到欧美，都有苗族分布。

三

一个深秋的下午，我来到了化眉村。

化眉村位于凤凰县西南部，距县城约 30 公里，东邻新场镇小垅村，西接贵州省铜仁市碧江区滑石乡下寨村，南邻茶田镇茶田村，北接黄合社区，总面积约 5 平方公里，因村子坐落在山垅里，原画眉较多，俗称画眉垅，习惯写成化眉垅，村随之命名为化眉村，全村辖 6 个小组 3 个自然寨（化眉垅、矮寨和亭子关）492 户，1795 人，第一、二组住在化眉垅，第三、四组住在矮寨，第五、六组住在亭子关，五、六组距前几个组约 2 公里。

在老村长田翻身的带领下，我登上了岩上碉遗址。

岩上碉遗址隐没在化眉村第二组的一个陡峭的荒坡上，碉楼早已坍塌，石墙遗迹隐约可见。田翻身用柴刀砍开藤蔓，扒出一处覆满青苔的石墙对我说，"诺，你看，这是岩上碉现存完整的石墙了，以前没人说起，村民也没有认识到它的重要性，于是，岩石被掀下来砌山界的砌山界，砌田坎的砌田坎，（边墙）

都毁得差不多了。"顺着他的柴刀望去，只见一处高约 1.2 米，宽约 1 米，长约 2 米的石头墙蜷缩在潮湿阴冷的角落里，黑黝黝的，像一匹受伤的野兽，在荒烟蔓草中独自舐舐着伤口。

随后，田翻身又带我来到了化眉屯遗址。说是遗址，如果没有懂行之人的指点，根本看不出所以然，这其中，有人为的毁坏，也有岁月的摧残。

在化眉村五组，村民龙文榜指着自家附近一处水泥路告诉我，总台门以前就建在这里，小时候还看到有门槛，后来修进组公路时，就被填埋了。位于老支书滕建云家的西福门遗迹全无，只有呼拉河跳岩湾里，用作跳岩桩的一段合抱之木还没完全腐烂，风韵犹存。滕家巷子李家巷子走向不变，石板还是以前的石板，几处老房子的基石雕花绘朵依然灿烂，但主人已不是原来的主人，新主也很少居住，据说有的住进了城里，有的

在村边公路旁另建楼居住。5组村民田开友儿子房屋旁边是以前百日场的地方，现在都建满了房屋。屯上还叫屯上，只是守备没有了，兵勇也没有了；店上还叫店上，只是店铺没有了，客栈也早已消失；院子垅还叫院子垅，如今已建满了新房，住满了村民……关子脑、油房喇、炮楼坡和营盘坡等营盘和岩上碉遗址一样，坍塌的，损毁的，残存的，全部隐没在荒原蔓草中，一切朝着它该变化的方向变化……

"五营四哨、三大门两巷弄、一个百日场"，是这一处兵战文化的主题元素，是这座民间"王城"的故事梗概。

花开花落，沧海桑田，场景已然黯淡，故事还在传说。

四

日暮时分，我登上了亭子关，只见下马石犹在，门栓凹槽犹在，炮台犹在，城墙已坍塌殆尽，关门已毁灭无寻，青山依旧，残阳如血。

　　我访问了许多村民，但凡上点年纪的村民都说，亭子关上曾有一座三王公庙，又称三王庙。

　　关于这座庙宇，许多老人依稀记得，以前庙里供奉着好几尊菩萨，个个高高大大，黑乎乎的，威风凛凛。

　　"庙里供奉的是谁？"

　　"三王爷。"

　　"三王爷是谁？有什么故事？"

　　老人们都讲不出来。村民龙文榜认为那三尊菩萨是纪念守关的夏守备等三位将领。他说，三位守关将领武艺高强，保护一方安定，也结下了许多仇人。后来有天晚上，三位将领都被"摸亚"（凤凰话，暗杀）了，于是手下便建起了灵堂，祭奠他们，附近的老百姓听说他们被害了，也来烧香烧纸祭拜……尸首运回去之后，军民们就建起庙宇把他们供奉起来……

事实是否如此？史料没有记载，我们无从考证。但有一点可以肯定的是，亭子关作为一处重要关塞，屯防镇守和征剿杀伐的日子里，死人是常有的事。

　　自古城防非首计，历来武攻难太平。

　　政府吸取前朝治苗政策的失败教训，对于苗疆实行"剿""抚"并举的政策，攻城和攻心双管齐下。军事上，清政府极尽边墙修筑之能事，妄图一劳永逸之功。据《苗疆屯防实录·卷三·屯防纪略》记载，"五厅县（凤凰厅、乾州厅、永绥厅、古丈坪厅、保靖县）共汛堡一百三十五座，屯卡一百五十一座、碉楼七百二十九座，哨楼九十九座，炮台十座，关厢10座，关门三十八座，总一千一百七十二座。又凤凰厅接连乾州厅沿边开渠长墙深沟110余里。"其中光凤凰厅就有"汛堡五十一座，

屯卡一百零五座，碉楼五百四十二座，哨楼九十八座，炮台六座，共八百三十二座"。

政治上，有学者认为，清政府利用当地人"畏鬼"的心理特征，塑造出"白脸、红脸、黑脸"三王爷形象，"以神道设教，补政令之不及。""清嘉庆年间，仅凤凰厅同知傅鼐一任，就主持修建寺院18处，这些寺院其中包含了天王庙。"如今，吉首雅溪、凤凰城里、禾库镇上等当年边墙沿线，存留或复修的天王庙便是实证。

五

夕阳西照时，我从一处坍塌的炮台边走下来，走进李家弄、滕家弄等古巷里，试图寻找关于这座城堡里残存的记忆。

袅袅炊烟里，我遇上一位老太太。

老太太叫杨春莲，今年88岁。她是从化眉村三组嫁过来的，娘家三组属于矮寨寨子，夫家六组属于亭子关寨子。

杨春莲夫家姓徐，就住亭子关城墙下的李家巷弄里。

"你们徐家祖上是不是在这里当兵的，或者说你们是不是亭子关屯兵的后代？"我问。

"不是的，徐家是在国民党时期从贵州省铜仁地区的马王垅、冷水溪搬过来的。"老人家回答。

"为什么搬过来呢？"

"逃难！"

化眉村村长杨陆军告诉我，他们杨家也是从贵州铜仁地区逃难过来的，至于从哪里来到贵州呢，族谱里也记载不清楚，只知道如今化眉村的杨家人新建屋房院门时，往往都要留一块地方，书写"关西世第"四个字，或许那才是杨家的族源之地吧。

据滕建青回忆，滕家祖先从麻阳石羊哨举家逃难，先到贵州滑石的凉湾，再到李家湾，后到烂岩塘，最后才到亭子关，至今已有 17 代人了，族别应为苗族。村会计莫伯金说，莫家也是苗族，先祖是从麻阳的郭公坪上来的，村支书田华也说田家是从贵州牛朗搬过来的……据走访调查了解到，化眉村姓氏主要以滕、李、莫、杨、刘、田等姓为主，间以徐、沈、侯、熊、谭、吴、龙等，民族构成以苗族、土家族为主，间以汉、侗等族。以上各姓氏民族都是外来人口，多以麻阳为源，先后辗转于湘黔边境各村寨，最后才定居于此。

作为屯兵城堡的亭子关，现在还有没有屯兵的后代？

或许有，或许没有，调查中我没有发现。对此，凤凰县文物局资深研究员陈启迪认为，家是港湾，不是战船，明清时代的亭子关处于王权边界，杀伐征剿的日子、动荡不安的环境使得许多兵勇不想安家于此，只作为工作的地方。

夕阳里，杨春莲指着亭子关上一处荒草丛生的地方告诉我，以前三王庙是建在那里的。我顺着老人推开的木门，走进"三王庙"里，只见一间破旧的石头房子里，几尊油漆扑鼻的木头人顶着一抹红布，神情木然，夕阳透过石缝斜洒进来，无数的尘埃在光亮处上下飞舞。

古村落詩詞

凤凰组章

傅海清

黄沙坪

　　小径悠悠，悠悠岁月。翻到这一天的日历，脚步迈进这样的苗寨，热情似火的阳光早已候着。

　　一条水库映照一个太阳，也映照一排绿树，以及灰瓦土墙的房舍。一些蜜蜂唱着民歌，也许是凤凰腔调，还有童年的回忆。水瓶子对着墙壁小窟窿一罩，蜜蜂就会钻进去欢歌舞蹈。

　　心情好了，蓝天白云格外亮眼。山风依旧浪啊浪，偶尔在我的发丝额头筑巢，带着一点凉意。山峦缓缓举动着夕阳，我看到，竹篱笆在田园边，守候一浪浪禾苗，看护着成熟的豇豆黄瓜。

　　一切如此多娇……

夯卡

　　秋日的夯卡，是腊尔山上一朵鲜艳的花，秋风在枝头窃窃私语，还打着旋在民居上空浪漫。

　　伫立房舍前，我数着灯笼，数着辣椒，看着国旗飘扬。身旁规划有序的竹篱笆，纵横交错的姿态，让我品读了一首首浓浓诗意，也成为眼眸靓丽的景致。

房前屋后，丝瓜青菜辣椒……在菜园子里茁壮成长，在风的臂膀里散发缕缕幽香。我站在季节的路口，从整洁的路面坪坝，披上一身的阳光，一直默默注视蔚蓝的天。

我敞开心扉，让思想走进丰盛的田园，这些田园风光旖旎，彰显了脱贫攻坚的魅力。

砂罗

一个土家山寨，充满诗情画意的名字。古老的墙壁，历史的印痕。我踏响日子的门楣，走近坚强的支部以及团结的村民，嚼一口苞谷粑，个中的味道无限美好。

眼前是一道道宽敞整洁的水泥路面，也有郁郁葱葱的禾苗正在拔节成长，成长的过程中，似乎听到了骨骼的响声。每到这个季节，一溜儿的阳光由远而近，与季节的风一起浪漫，与成群结队的庄稼窃窃私语。

一丘一丘的山田，长满了希望，籽粒饱满的苞谷飘出醉人的香味。层层叠叠的田野上，辣椒正红茄子正紫，还有正灰色的猕猴桃，让我的眼眸五彩斑斓。院前的果树，格外养眼醉心，在季节里撑起了诱人的石榴，或者枣子或者柿子或者柑橘。

远山递出了一轮夕阳，村寨缤纷烂漫……

香炉山

诗一样的苗寨，在大山深处生存。古老的土房，蘑菇似的聚在一起，老朋友一样守护着村庄。墙壁上的语录，横梁上的皱纹，蓄满了历史的印痕。

夕阳无限好，从山巅一直蔓延，土墙灰瓦泛起一层光晕。透过日子的门楣，我走进风的路口，扑鼻而来的是豆荚黄瓜蔬菜的馨香。

踩着石板路，抑或水泥路，就是踩到了幸福康庄大道。

麻冲

麻冲，风景如画的仙境之地。车辆缓缓前行，沿途的风景实在醉人，五彩缤纷的花朵随风摇曳，一阵幽香扑鼻而来。

看着闻着捧着，我却痴迷起来，越想越有韵味。紧挨着的雾气，在山林中弥漫。此时此刻，如临画卷中的我，忙着拍下让我赏心悦目的场景。这些花朵，犹如花枝招展的村姑，在水泥路两旁翩翩而舞。

一些稻田，谷粒早已进了粮仓，剩下整齐的稻兜。这些稻兜很美，俨然一首首平仄有韵的诗章，被秋雨轻轻诵读，诵读这纯美的乡村。乡间是空气净化器，我使劲呼吸着乡间空气，精神倍加清爽，任何疲劳一扫而光……

我们走在精准扶贫的路上，听到了久违的朗朗读书声。我们看到炊烟从老屋缓缓升腾，那一扭一扭的姿态，似在欢舞又似在演绎一场戏剧。菜园里长满了黄瓜豆荚，一缕缕馨香飘来，我真的醉了。

竹山

步行在竹山巷道，我轻轻地挽住山风，那柔滑光洁的美感，一路播撒欢歌笑语。

走在古老村寨里，就如走进了历史的画卷。每一条石板路每一面石墙每一座石房子，一溜儿青灰色，一溜儿淳朴的苗族味道。

我用目光装帧这一片土地，一直深藏内心深处，如同深藏了一段历史。倚靠石楼一角，捻着一枚绿叶，沐浴着一些暖心的阳光，满心欢喜地驻进了镜头里，留住此刻的新时光。

脚步依旧踏在石板上，我就想起了"岁月"。石门，石壁，石道，历史的痕迹还在，我们走在这季节里，与历史轻轻地交流。我置身于这乡村风景，一砖一瓦，用心体会……

一步一步走进来，那些树木葱绿清水幽凉。我们慢慢靠近了梦想，里面流水叮咚，犹如一支支动听的歌谣。

我把自己的双脚轻轻地、轻轻地抬起来，轻轻地放进夏日的门楣，一抹傲娇的粉红熠熠生辉，在我的身旁呈现。抓一把透进来的阳光，夏日暖暖的，一切艰险都被踩在脚下。

也许，石洞里流水潺潺，就是好日子的象征。

天色渐暗，我那虚掩的门扉，始终深藏一颗留恋的心，随着远去的画面或者流云，试图画出记忆的版图，久久不愿割舍……

扭仁的春天（外四首）

吴玉辉

来得刚刚好
竹篱笆，菜花黄
紫云英，正梳妆

阳光很好，绿叶筛下一地的斑驳
石板路很好，纵横交错
不管怎么走，最终都能
到达每一户家门

我看见，却什么都不说
竹篱笆上的小喇叭迎着风
替我吹响一首首动听的歌谣

我应该待在这里
把内心的尘埃涤荡干净
一年，五年，十年都不算长

这个春天，有多少阳光和雨水
扭仁，就有多么灿烂和温暖

无愁河渡口

在无愁河，崖壁下的渡口
看伶仃的白鹭，翩翩飞
就像找到了多年以前
遗落的一支支歌，被这个春天
不知疲倦地，一遍遍翻唱着

远方的游子未归
又有人打点好行囊，上路了
越走越远，背景越来越深
那消瘦的身形，闪耀着渡口
冷月的光芒

塘桥

在塘桥，夜静得只剩下周遭的虫声
冷不丁几声鸟叫，狗咬
就把天上的星星，惊得一颤一颤

来自云贵高原的风

将初秋的水塘，瞬间吹成了晚秋

岸边的稻田还未收割

不眠的鱼儿已在水中入定

捕鱼人的渔具遗弃在墙角

梦中，与波浪纠缠

夜宿塘桥小学，芭茅草亦闻风而呼

偌大的校园空空如也

只剩下心跳声与古老的时间

打了个照面

念故乡

烟波中的柳色同夕阳一起，潜然而去

无边的霓虹撑起一个个故乡的幌子

骗走了月光，继而骗走不食人间烟火的稻粱

内心的隐痛，轻声咳出暗夜里的黄金

无数的街灯从天桥跃下，"流水不破……"

照亮黑暗中你的脸庞，还有多少轻舟

和车马，落满李白和杜甫的灰，绕过

夤夜跳动的指尖，轻轻滑向做梦的黎明

故乡呵，阳雀不语，陈年和旧事照亮了屋堂

那几幢临河而居的木屋，依然跟晴空一样

年复一年地蓝着，你照例是藏身于寒冬夜里
那一串串晾在灯圈里的哈欠，和针线

湘西物语

山神，树神，洞神，土地神……
远离都市的湘西，神祇无处不在
天高地远，它们是偏居一隅的诸侯
井水不犯河水，自能融洽相处

进入山中，时刻保持一颗敬畏之心
一草一木，不乱碰
一花一叶，不乱摘
渴了，就把打结的青草，掷于岩罅间的井水中
尔后再喝。与牲畜狭路相逢，闪身，让它们先过

穷途末路，却万物有时，各安天命
谁若是破坏了规矩
谁就会走失在迷雾般的时间里

屯粮山月亮

见过李白的月亮
也见过苏东坡的月亮

却都没有，屯粮山的月亮
那般让我铭刻于心

屯粮山的月亮，大如水缸，圆似磨盘，白得像棉花
要多么亲切、温暖，便多么亲切和温暖
像极了远去的父母，留给我的印记

每当夜读到凌晨，我就想起他们
纸面纸背，就纷纷扬扬，落满了雪
雪，覆盖大地万物
也覆盖四十九岁的母亲，和七十岁的父亲

山村暗夜，即使只得一脉豆粒橙光
也是青灯有味的
此时，珍藏于内心深处的月亮
精灵般跃出纸面，照亮我
照亮整间屋子，让这荒凉的尘世
皆充盈着如茧的月光
让一颗灰暗的心，也有了微弱的光亮

台地之夜

暮色开始收拢阳光的羽翅
天空仿佛一张硕大的毛边纸

墨汁一样的夜

开始从它的边角晕染开来

落日像个孕妇，即将分娩出璀璨的群星

寨子里的灯盏渐次被摁亮

它们全部都亮起来后

夜空里的星星，仿佛顽童一样

陆续从家门蹦跶出来

很快，就占领了整座天穹

从云贵高原吹过来的风

带着晚秋的凉意，吹动着星星

吹动着窗外的那几棵毛白杨

寨子里的灯火像眼睛

注视着大地，注视着我的窗口

往事，风一样吹过青石板路

夜精灵悄悄地爬上了梦的屋檐

吐着炭黑的舌头，舔舐着窗户

以及天黑之后，每户点亮一盏灯的寨子

我知道，不需多久，夜色

又将把一粒一粒灯火

和睡梦中孩子们的呓语，——拣拾

扔进黑暗的樊笼。彼时
璀璨的群星，将成为寨子里最亮的灯盏
照彻茫茫的人间
像冬天的柴火，台地的夜愈深
火就愈大，灯就愈亮

乡村素描

乡村的早晨是被山里的雾气
和寨子里早起的公鸡叫醒的
葱绿的枝条踱出了园子
来到泥土路上，被出早工的耕牛
和劳碌的农人，当场拦截

枝头上，叽叽喳喳的麻雀
心事重重，一会儿跳到左边
这棵酸柚子树，一会儿
又跳到右边那棵石榴树

阳光充沛的正午，山风像顽童一样
在山坡上肆意撒野
玩累了，就回到寂静的院落
象征性地扫荡一阵，又安稳地休息
村中的水塘静悄悄的

被风吹出了一池皱纹

水里"咕噜、咕噜"，冒着气泡

仿佛鲤鱼睡梦中的鼾声

时间的脚步轻盈，蹑手蹑脚

爬上了斑驳的墙壁，和屋檐底下

打盹儿的老奶奶的头发

青石板路边，一朵小野花

躺在阳光与清风的怀里

正诉说着内心的喜悦和烦闷

乘农人歇息的间隙

暮色随风潜入村里、村外，各个角落

原野、村庄、屋脊、树冠，这里、那里

皆镀上一层毛茸茸的金色

晚风中，狗尾草不停地点头、摇摆

细小的身子，举起天边一弯淡白的残月

归家的耕牛拖着浑浊的重低音

与炊烟相互纠缠。满坡的纺织娘、蛐蛐儿

还有一亩一亩递送过来的蛙鸣

开始奏响动人的昼与夜的交响曲

这撩人的乡村音符，唤醒了村里村外的呼喊

深夜，村边那口老井汩汩的水流
变得凉休凉休的。萤火虫
提着蓝莹莹的灯盏，从草丛里飞了起来
它们在旷野，在林间，在崖畔
在院子里，像个精灵，四处漫游
林子里的草莺和杜鹃，断断续续
叫了又停，停了又叫
刚刚归来的游乡人，又将远行

溪口，溪口

杨柳垂髫，江水轻缓
古老的水车咿咿呀呀，一圈一圈
不断自水中打捞，斑驳的岁月
而后又将它们，放回到水里

你不禁回眸：青山受阻于江水
而江水，受阻于一弯浅坝
山下闲不住的时光，催熟了
旧年珍藏的青果
也催老了黧黑的屋檐，青瓦，与屋檐下
给鸡鸭喂食的白头发

江畔，沉睡的打鱼人

在一尾鱼的眸子里，渐渐苏醒
一孔石桥横卧在细雨中
牵绊于前世的混沌
倾斜的风，牵绊于水面的波纹
和峥嵘的往事

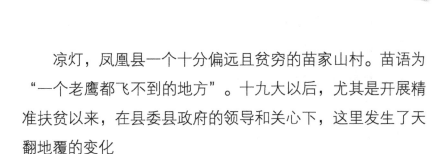

凉 灯

白奎（回族）

凉灯，凤凰县一个十分偏远且贫穷的苗家山村。苗语为"一个老鹰都飞不到的地方"。十九大以后，尤其是开展精准扶贫以来，在县委县政府的领导和关心下，这里发生了天翻地覆的变化

一

那盏灯
几百年来
一直忽明忽暗
忽冷忽热地
亮着

那个地方
一直把月亮当着天灯
一直把星星当着街灯
一直把枞膏当做家灯
一直把火把当做手灯

一直把电灯当着神灯

为了看到那盏灯
阿妹把山歌都唱钝了
阿哥把木叶都吹破了
阿婆把眼睛都盼瞎了
阿公把脚板都走烂了

山溪无数次吹走了月亮
水车无数夜倾泻着苦泪
石磨无数次碾碎了日月
秋千无数年晃荡着寒夜
村头的苦楝树一直都垂挂着
一串串幽怨的叹息

二

十九大的春风吹进了凉灯
神灯送来了温暖的光明
唢呐声中凉灯穿上了光鲜鲜的新衣——
家家户户都通上了明亮的电灯
陡峭的苗岭扎上了公路的腰带
百年土屋挂上了"非遗"的金字招牌
万亩荒山建起了富硒生态特产基地

电商平台搭起了致富连心桥

山顶上架起了电视手机信号台

砂里种上了黄金茶

田里养起了稻花鱼

牛儿唱起了《挤奶歌》

羊群戏逐着白云飞

古窗棂笑成了眯眯眼

土砖墙洋溢着文化气

农家乐溢出了五香味

天问台演起了傩堂戏

长苗帕飞出了十字绣

大瀑布泻出了银铃声

水泥路走出了一连串的老板打工仔

老银匠写出了新的《致富经》

山歌里长出了相思豆

喔火里喊出了隔山情

唢呐吹出了模特队

锣鼓敲出了朱子文、王二妮

三

凉灯

曾经一个很凉的名字

如今它温暖地活在一本温润的旅游字典里

凉登望远

麻正标

　　布谷催春闹林中，
　　云蒸漫漫筑成峰。
　　如梦如幻若隔世，
　　云岭诗画夺云空。

去竹山（外一首）

柴 棚

我想去的地方
幽坐在凤凰昆仑峰
三面环水，峻山叠嶂
另一面，云朵悬空留白

村庄安详，清新而纯静
那里的路，那里的房子
都是石质的，雨水敲打在身上
一点都不疼

来到这样一个半坡部落
我庆幸自己没有错过
五百年的光阴浮起来
又隐在石头里

岁月像秋天一样橘黄
这橘黄色的思念为谁铺开
布满大地，盲目而执着

被我——捡拾

我在竹山
面对的只有自己
和想象中的神对视
仿佛初见
仿佛无限和开始

雪峰山和竹山

我用高德这把尺量了一下
从雪峰山到竹山，约 100 公里
在手机地图上看
只有一寸长的距离

我再用手指将两个地名不断收拢
竟然还可以重叠到一起
汇成一个句号，一个点

今天，我见证了两座山的牵手
雪峰山和竹山合力完成一首诗的过程
从起点到终点
这条路遍布诗意
一路顺心，一路黎明

夜色辽阔，星星藏在云层里
或躲在沱江深处
我虽然看不见它
但这并不影响我追梦

我也不觉得虚空
这里除了有山，有水
有虫鸣唤我
还有清风扶住我，走出黑暗

今夜，秋雨将我彻底洗了一遍
我忽然拥有了银质般的气质
一颗纯绵的心
和赴生、赴死，以及赴爱的勇敢

图书在版编目（CIP）数据

凤凰古村落 / 肖五洋主编 . -- 北京：中央民族
大学出版社 , 2023.10（2024.7 重印）
ISBN 978-7-5660-1679-9

Ⅰ . ①凤… Ⅱ . ①肖… Ⅲ . ① 村落 – 介绍 – 凤凰县
Ⅳ . ① K926.45

中国版本图书馆 CIP 数据核字（2019）第 109315 号

凤凰古村落

主　　编　肖五洋

执行主编　刘　萧

责任编辑　李苏幸

出版发行　中央民族大学出版社
　　　　　北京市海淀区中关村南大街 27 号　　邮编：100081
　　　　　电话：（010）68472815（发行部）　传真：（010）68932751（发行部）
　　　　　　　　（010）68932447（办公室）　　　　（010）68932218（总编室）

经 销 者　全国各地新华书店

印 刷 厂　北京鑫宇图源印刷科技有限公司

开　　本　880×1230　　1/32　　印张：10.5

字　　数　220 千字

版　　次　2023 年 10 月第 1 版　2024 年 7 月第 2 次印刷

书　　号　ISBN 978-7-5660-1679-9

定　　价　56.00 元